R. TOPFFER

VOYAGES EN ZIGZAG

UN VOYAGE A VENISE

# VOYAGES EN ZIGZAG

### 1<sup>re</sup> SÉRIE GRAND IN-8°

VENISE.

R. TOPFFER

# VOYAGES EN ZIGZAG

## VOYAGE A VENISE

PRÉCÉDÉ D'UNE NOTICE

PAR

Léon CHAUVIN

Ancien inspecteur primaire, directeur honoraire d'école normale.

TRENTE-CINQ GRAVURES

LIMOGES
EUGÈNE ARDANT & Cⁱᵉ
ÉDITEURS

# NOTICE

Raoul Topffer, né à Genève en 1799, était fils d'un peintre de talent. Lui-même avait un goût prononcé pour le dessin et la peinture, et il aurait suivi avec honneur et succès la carrière paternelle, si une maladie persistante des yeux ne l'avait obligé à y renoncer. Alors il s'adonna aux lettres et à l'enseignement. Déjà il avait fait de bonnes études au collège de Genève : il les reprit, mais à Paris, où il passa les années 1819 et 1820. Pendant le jour, il assistait aux cours publics de littérature, et, le soir, il perfectionnait son goût à la Comédie française, en écoutant Talma dans le répertoire classique. De retour au pays natal, il fonda un pensionnat de jeunes gens, un *Institut,* comme on disait alors; puis il fut admis à professer les Belles-Lettres à l'Académie de Genève. Il garda cette double fonction jusqu'à sa mort, arrivée prématurément en 1846.

La distinction et les ressources de son esprit, associées à un solide tempérament moral, firent de lui un éducateur émérite. Non seulement il instruisait ses élèves et formait leurs mœurs par ses leçons, par ses directions constantes et par l'exemple d'une noble vie; mais, tout comme Fénelon, il avait recours à des enseignements indirects, tels que les contes et les romans. C'est donc sous l'inspiration du zèle professionnel que, petit à petit, il devint en outre un écrivain renommé. Son talent, original et gai, savait allier le sérieux à la plaisanterie spirituelle, railleuse sans méchanceté, et il n'en avait que plus d'action sur des âmes jeunes, qu'une morale austère aurait rebutées. Il composa, et illustra de son crayon habile, de courtes comédies, des historiettes drôlatiques, puis des récits de plus longue haleine, devenus populaires sous le titre commun de « *Nouvelles genevoises.* » Qui n'a lu *le Col d'Anterne, la Bibliothèque de mon oncle, le Presbytère, l'Héritage,* etc.?

Ces œuvres furent remarquées et encouragées par Goethe, l'illustre poète allemand, et par Xavier de Maistre, l'auteur du *Lépreux de la cité d'Aoste,* qui reconnaissait chez l'écrivain genevois sa propre manière enjouée et sentimentale. Celui-ci était également en relation avec Sainte-Beuve, qui a dit, en parlant de Topffer : « Il est de Genève, mais il écrit en français, en français de bonne souche et de très bonne lignée. » Le critique fait remonter cette lignée à nos meilleurs auteurs du xvie siècle, dont quelques-uns, lors des troubles de la Réforme, s'étaient réfugiés à Genève et y avaient laissé la tradition de leur génie littéraire.

En parlant de ses rares qualité d'éducateur, Sainte-Beuve ajoute que « ses élèves ne voulaient jamais aller en vacances, tant il les attachait et les captivait par une éducation vive, libre, naturelle, pourtant solide, sans mollesse ni gâterie. » C'est que les vacances, dans ce pensionnat modèle, étaient singulièrement animées et attrayantes ! Tous les ans, le maître et les élèves s'organisaient en caravane, et, pendant plusieurs semaines, sac au dos, le plus souvent à pied, ils parcouraient dans tous les sens « *en zigzag,* » la Suisse pittoresque et les contrées voisines. Ils côtoyaient les lacs, franchissaient les Alpes, descendaient dans la vallée du Pô, et poussaient des pointes jusqu'à Milan, jusqu'à Venise. Le long de la route, tout en discourant, tout en se divertissant et en éprouvant des émotions variées, ils prenaient force notes et croquis; ensuite M. Topffer utilisait ces matériaux, pour rédiger les très intéressantes relations, qui ont été publiées sous ce titre : *Voyages en zigzag.*

Le lecteur trouvera l'un des plus importants dans ce volume. Bien qu'ils aient été écrits, il y a tantôt soixante ans, ils ne *datent* en aucune façon, ils n'ont rien perdu de leur saveur primitive. Les touristes de notre temps ont le chemin de fer pour parcourir les grandes distances, ils ont la bicyclette pour évoluer rapidement dans la plaine; mais, dès qu'il s'agit de pénétrer dans les gorges, de grimper sur le flanc des monts et des glaciers, d'escalader les hautes cimes, il n'y a pas d'autre manière que celle qui a été pratiquée excellemment par Topffer. Même après Rousseau, son éloquent compatriote, il a su trouver des traits nouveaux pour vanter le charme et les avantages des excursions pédestres. Il a fait à ce sujet toute une théorie, entremêlée de réflexions aussi fines que vraies, par exemple quand il dit que l'homme porte en soi, dans son humeur et son caractère, la principale source de ses jouissances et de son admiration; la nature, avec ses beautés, serait impuissante à le distraire et à l'enthousiasmer, s'il n'y apportait le concours de ses dispositions intérieures.

Très souvent aussi le lecteur rencontrera une note émue, une pensée religieuse, ajoutées sans lourdeur ni pédantisme, au récit des incidents de route, à la description des scènes de mœurs, ou bien des grands spectacles de la nature et des chefs-d'œuvre de l'art humain.

En un mot, les « *Voyages en zigzag* » sont d'une lecture à la fois récréative, instructive et réconfortante.

Il nous reste, pour l'intelligence des pages qui vont suivre, à expliquer certaines expressions, absolument détournées de leur sens ordinaire, qui sont demeurées dans le vocabulaire de Topffer et de ses compagnons, après avoir pris naissance dans leurs gais propos. Ainsi une *buvette* est une collation dans une halte, pour permettre aux voyageurs d'atteindre moins péniblement le gîte où les attend une réfection plus copieuse; faire une halte, c'est plus brièvement *halter; spéculer,* c'est quitter le chemin ordinaire, pour prendre un sentier de traverse et gagner du temps ; un *ruban* est une route droite, monotone et fatigante ; les *nono* et les *uī-uī* sont des touristes anglais, empesés et taciturnes, ne répondant que par des *non* ou des *oui* aux interpellations qui leur sont adressées. Le lecteur ne tarde pas d'ailleurs à être familiarisé avec ces licences, qui d'abord paraissent excessives et étranges.

Léon CHAUVIN.

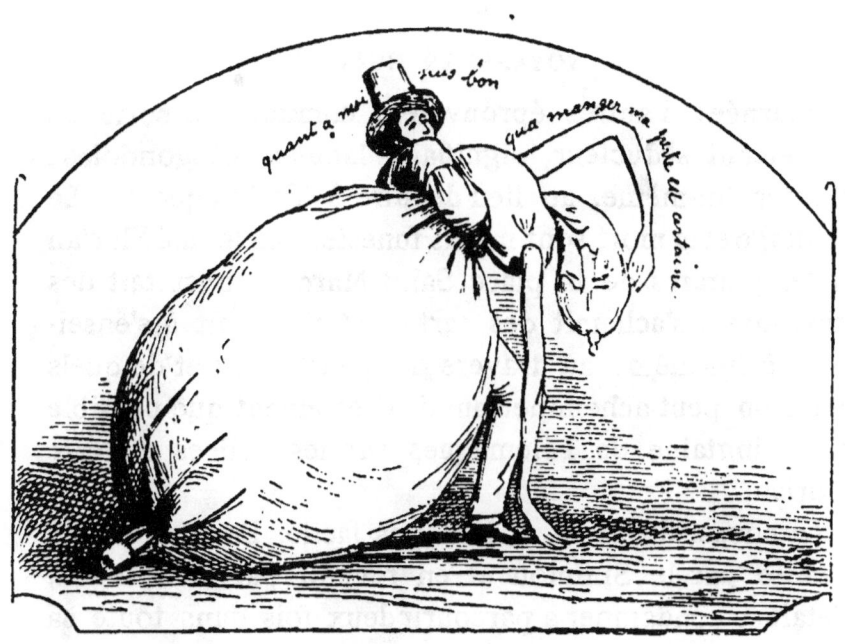

La bourse au départ. (page 19)

# VOYAGES EN ZIGZAG

## VOYAGE A VENISE

### 1842

Ce printemps, le ciel était frais, la verdure si engageante, que, contrairement à nos habitudes, nous fîmes autour de notre lac une petite excursion d'extra. Gardez-vous, pères de famille, de faire des excursions d'extra, et, bien plutôt, continuez de tourner invariablement dans le cercle sagement ordonné des habitudes acquises. Au lieu d'éprouver de cette excursion-là quelque rassasiement, nous en revînmes affamés d'expéditions, et plus grandes, et plus lointaines, et plus mémorables ; plusieurs se sentaient des démangeaisons touristiques à s'en gratter toute la journée; d'autres éprouvaient comme une sorte de bercement séducteur, signifiant lagunes et gondoles; Mentor lui-même, au lieu de dire à Télémaque : « Le naufrage et la mort sont moins funestes que le café Florian et les guitares de la place Saint-Marc, » consultait des itinéraires, s'achetait des cartes, et cherchait à s'enseigner à lui-même au travers de quels monts et de quels vaux on peut acheminer aussi directement que possible une vingtaine de Télémaques sur les délices du café Florian.

La chose, du reste, n'était pas facile. En effet, aller à Venise par le Simplon et en revenir par le Splugen, c'était se condamner à parcourir deux fois dans toute sa longueur cette plaine lombarde qui sépare les murs de Bergame des lagunes de l'Adriatique; et, d'autre part, commencer par mettre derrière soi une grande partie de la Suisse, pour de là entrer dans la Valteline, escalader le Stelvio, et descendre à Venise par les pentes du Tyrol, la vallée de l'Adige et les gorges de la Brenta, c'était s'engager dans une entreprise colossale pour nos jambes, colossale pour nos modiques vacances, colossale surtout pour une bourse commune, ladre et récalcitrante. C'est pourtant à ce dernier parti que M. Topffer s'arrêta. Le voyage à Venise fut résolu, l'itinéraire fixé, la bourse commune mise à la raison, et, en attendant le grand jour du départ, les démangeaisons, les bercements, les rêves dorés, les ardeurs impatientes venaient marier leur charme aux douceurs chaque jour plus amères de l'étude. Toutefois, en face d'une entreprise, M. Topffer avait ses rêves aussi, pas toujours dorés, et il s'excitait à trouver sage et prudent un projet que le moindre accident survenu en route aurait fait juger irréfléchi et téméraire. Mais quel est le jour, quelle est l'heure de sa vie où un instituteur ne court pas cette chance-là, et plus que cette chance-là? S'il répond des membres et des vies de ses élèves, il répond aussi de leurs habitudes, de leurs principes, de leur moralité, et s'il faut pourtant, sous peine de n'accomplir pas sa tâche, qu'il risque pour eux le contact des livres, du monde, du siècle et de son atmosphère malsaine, comment ne risquerait-il pas pour eux, avec bien moins d'inquiétude, l'approche des glaces, le voisinage des précipices, le danger des intempéries, la maladresse des cochers, ou encore la chance d'être lancé bouilli aux nuages, multipliée par les trois cent cinquante tubes bouilleurs d'une machine à basse ou à haute pression? N'importe.

Au surplus, qu'on ne s'abuse pas sur le danger de ces excursions, et surtout que des craintes exagérées n'aillent pas détourner qui que ce soit de procurer à ses enfants ou à ses élèves un genre de plaisir, ou, pour mieux dire, encore, un genre d'exercice si précieux et pour leur corps et pour leur esprit. Sans doute, pour qui n'a pas encore l'expérience de ces expéditions, il ne faut pas débuter par un voyage à Venise, et nous-mêmes nous ne confierions pas sans une défiante sollicitude vingt têtes légères à un sous-maître novice, sous le prétexte qu'il faut à ces jeunes voyageurs un chef jeune aussi, fort, libre de toute chaîne et exempt de toute infirmité. Avant de nous lancer, et par exception encore, dans des contrées relativement si lointaines, nous nous sommes essayés par vingt, par trente fois, sur de plus courtes distances; mais c'est pourtant par des degrés bien vite franchis que nous sommes arrivés dès longtemps à nous mettre en campagne sans éprouver aucune des appréhensions et des craintes que l'on pourrait supposer. Ici, comme dans les autres circonstances de la vie, cette pensée : « A la garde de Dieu! » fait la sécurité de l'esprit et le courage du cœur; elle inspire je ne sais quelle pacifique confiance qui est déjà à elle seule une cause de s'y bien prendre, parce qu'elle est un tempérament contre l'inquiétude qui rend gauche, ou contre la présomption qui rend téméraire. Ce sont les vies de ses enfants, ce sont les choses précieuses et chères, celles dont la perte est irréparable, que l'on place ainsi sous cette auguste protection ; non pas, certes, en ce sens qu'elle soit tenue de les préserver exceptionnellement et à toujours, non pas à la façon de ce mortel de la Fable qui brisait l'idée qu'il s'était faite quand elle n'avait pas accompli son vœu, mais en ce sens, seul raisonnable, seul légitime et consolateur, que ses dispensations, quelles qu'elles puissent être, sont acceptées d'avance ou avec gratitude ou avec résignation. Pour tout le reste, c'est à l'humaine prudence, c'est au bon sens, c'est à l'intention bonne et vigilante d'y pourvoir ; et, pour cela, quand on est soi-même au milieu de son monde, les grands yeux ouverts, mesurant des fatigues que l'on partage, et partageant des dangers que l'on mesure, à chaque quart d'heure suffit sa peine. Et, en effet, les choses ainsi réglées, l'on va son petit train le plus tranquillement du monde, sans souci d'hier qui n'est plus, de demain qui n'est pas encore, babillant, regardant, marchant, croquant des raisins, buvant aux sources, et trouvant, que c'est, ma foi, un bien joli métier que celui de Mentor en goguette, en voyage, voulais-je dire.

Il n'y a qu'une ombre à ce tableau, et, cette ombre, chaque année elle en recouvre un peu davantage la lumière jadis si resplendissante et si pure. La barbe de Mentor s'allonge, elle blanchit ; il entrevoit avec une sorte de surprise, qui est elle-même surprenante chez un homme si expérimenté et si sage, que ces charmants plaisirs auront un jour et un déclin et un terme ; que, bien avant que le cœur soit rassasié d'émotions et de joies, le corps devenu infirme et morose, refusera de lui servir de camarade officieux et dévoué ; que les souvenirs eux-mêmes, devenus importuns, jetteront sur le soir des ans comme un crêpe de tristesse. « Des voitures, dites-vous, des calèches

mollement suspendues éloigneront ce funeste moment... »
Hélas ! autant vaut dire au vieillard qui perd ses dents, la
vue, l'ouïe : « Un râtelier, des besicles, le cornet, et tu
seras jeune, et que te manquera-t-il ? » Non, arrière ces
mensonges ! et, bien plutôt, sachons prévoir d'avance,
pour les accepter ensuite de bonne grâce, l'automne au
sortir de l'été, et l'hiver au sortir de l'automne. Voilà
pourquoi, cher lecteur, nous traçons et nous retraçons ces
lignes d'ingrate provision, afin d'y contracter l'accoutumance anticipée de ce déclin déjà commencé, et de ce
terme déjà entrevu. Ainsi parla Mentor, et le jeune Télémaque n'y comprit rien du tout.

Une chose pourtant demeurera, et il faut la consigner
ici, car elle n'est pas inutile à dire, et cette honorable
pudeur de la reconnaissance qui porte à ne pas céder la
part de biens que l'on a eue nous presse d'ailleurs de faire
ce charmant aveu, quelque personnel qu'il nous soit. Les
philosophes, chrétiens ou autres, les sages eux-mêmes,
Mentor aussi, avancent en cent rencontres qu'il n'est
point sur cette terre, je ne dis pas de vies, mais de
moments dans la vie, où l'homme goûte une félicité parfaite. La main sur la conscience et devant Dieu, qui sait
la vérité, nous déclarons, en ce qui nous concerne, cette
assertion-là parfaitement fausse, sans prétendre d'ailleurs
contester, encore moins nier aucune des amertumes, aucun des maux dont la vie des hommes est inégalement
mais infailliblement semée. Oui, nous avons connu, non
pas des moments, non pas des heures, mais des journées
entières d'une félicité parfaite, sentie, d'une vivante et
savoureuse joie, sans mélange de regrets, de désirs, de
mais, de si, et aussi sans l'aide d'un vœu comblé, sans le
secours de la vanité satisfaite ; et ces moments, ces heures, ces journées, c'est en voyage, dans les montagnes, et
le plus souvent un lourd havre-sac sur le dos, que nous
les avons rencontrés, non pas sans surprise, puisque enfin

nous nous piquons d'être philosophe chrétien, Mentor autant qu'un autre, mais avec une gratitude émue qui bien sûrement n'y gâtait rien. A la vérité, nous ne portions, outre notre sac, point de crêpe au chapeau, point de deuil dans l'âme ; mais d'ailleurs notre passé était laborieux, notre avenir tout entier dans l'espoir et dans le travail ; notre condition, la même que celle de la plupart des hommes...; et cependant je ne sais quoi de pur, d'élevé, de joyeux, nous visitait, attiré, il faut le croire, par la contemplation, par la fête de l'âme, par la réjouissance des sens, et retenu, nous le supposons, par l'absence momentanée de tous ces soins, ces intérêts ou ces misères qui, au sein des villes et dans le cours ordinaire de la vie, occupent le cœur sans le remplir. Ainsi donc, philosophes, réformez votre doctrine dans ce qu'elle peut avoir de trop chagrin. Assez de maux nous resteront, si vous nous laissez l'espoir de quelques félicités parfaites, bien que passagères ; et, au lieu de vous borner trop exclusivement à dresser l'homme pour le malheur, occupez-vous aussi un peu de lui enseigner tout ce qu'il peut conquérir de vraies joies au moyen d'un cœur sain et de deux bonnes jambes, c'est-à-dire en marchant en toutes choses à la conquête du plaisir, au lieu de l'acheter tout fait ou de l'attendre endormi.

Mais il est temps de nous mettre en route. Ce sont ici trente-six journées, lecteur, qui s'ouvrent devant vous, et non plus vingt-quatre, vingt-cinq. C'est beaucoup, c'est trop ; mais s'il est bien vrai que nous n'avons pas le temps d'être bref, nous n'aurons guère davantage celui d'être long. A l'œuvre donc ! Et vous, mes chers compagnons de voyage, entourez-moi, venez en aide à ma mémoire, dans la crainte que je n'aille omettre quelqu'une des grandes choses que nous avons faites !

C'est le mardi 11 août que nous nous embarquons sur l'*Aigle,* par peur des tubes bouilleurs de l'*Helvéïie.* Nous ne ferons pas, comme Homère, le catalogue des navires ; mais, s'il vous plaît, un petit catalogue des personnes.

Cette toute bonne grosse dame, toute reluisante de santé et d'embonpoint, que M. Topffer porte évanouie sur le pont, c'est la bourse commune. Bons traitements, propos moelleux, séduisants tableaux de joie et d'allégresse, rien ne peut adoucir son humeur ni charmer ses appréhensions ; toujours elle semble dire avec dom Pourceau :

> Quant à moi, qui ne suis bon qu'à manger,
> Ma mort est certaine.

L'autre dame, c'est madame T... Dans les délibérations, madame T... est toujours pour une gondole de plus, pour un repas d'extra, pour un plaisir en sus. La bourse commune ne l'aime pas.

Vient ensuite M. *André*, l'ami commun du maître et de ses disciples. Il se propose de tâter d'une de ces excursions pédestres, pour savoir au juste quel en est bien le goût ; et il n'aura pas tenu à lui que ce goût ne soit excellent, tout au moins pour ses camarades. En effet, M. André a le propos aimable, l'allure gaie, l'entrain à commandement, sans compter dans son arrière-poche d'amusantes drôleries, souveraines pour charmer les tristesses d'un jour pluvieux. Il vit bien avec son sac, moins bien avec son bâton, et l'on s'afflige à Dezenzano de les voir se quitter pour toujours sans larmes de part ni d'autre. M. André régale souvent la troupe, il lui offre le café après dîner ; c'est pourquoi la bourse commune aurait du penchant pour lui, qui ne peut pas la souffrir.

Plus loin, ces deux touristes, l'un haut de taille, l'autre qui ne voyage jamais à l'œil nu, ce sont deux anciens élèves qui ont rejoint : *P. Dussant*, déjà décrit, et *A. Vernon*, d'Alais, près d'Anduze. De ce dernier, on jurerait, à l'entendre parler de sa ville natale, que c'est un

Genevois parlant de Genève, tant il lui trouve de charmes et de beautés incomprises. Par malheur, il lui échappe une téméraire sortie contre nos fruits, qui sont acides, et contre nos huiles, qui ne sont pas d'olive. Voilà la guerre, et de l'huile sur le feu. Relancé de toutes parts, Vernon torque, rétorque, tient tête à tous et à chacun, et c'est beaucoup s'il lui reste du temps pour manger, du temps pour s'évanouir, du temps pour noter ses *impressions* sur un carnet, du temps pour faire remettre un verre à ses lunettes, et du temps pour déchiffrer ensuite toutes les inscriptions qui se présentent. Elastique, vif, prompt, il se tire pourtant de tout et de quelque chose encore, se réservant pour partie faible d'oublier le nom des endroits où il passe, et d'estropier en revanche celui des lieux où il séjourne. Seul de la troupe, Vernon jouit d'un imperméable, ou plutôt toute la troupe jouit de l'imperméable de Vernon.

On y enveloppe tout ce qui a froid, on y ploie tout ce qui est malingre, on en revêt tout ce qui ne peut pas entrer dans le manteau de madame T... moins imperméable sans doute, mais banal aussi comme tout ce qui appartient à chacun d'entre nous. La vie de voyage, les intérêts de l'ambulante colonie le veulent ainsi, et ce n'est pas ce qu'ils veulent de moins bon. L'excellent Robinson, tout seul dans son île, ne pouvait qu'apprendre à se tirer d'affaire par lui-même; plus heureuse encore, une caravane d'enfants jetée au milieu de contrées étrangères, loin de toutes les commodités, de tous les secours et de toutes les ressources de la maison paternelle ou du toit de la pension, ne peut qu'apprendre le charmant secret de se tirer d'affaire les uns par les autres, et que se former à cette générosité secourable et franche qui n'est pas extraordinairement commune, mais qui est en revanche si aimable et si digne d'estime, qu'elle marche la toute première après le grave cortège des vertus.

Et pour le dire en passant, à considérer l'effrayant développement de ce prévenant confort qui va au-devant de tous les désirs, de toutes les fantaisies de quiconque peut le payer, et qui, en semant de toutes parts la mollesse, la torpeur, l'égoïsme, tend à remplacer partout le plaisir par un insipide bien-être, il est sage, instituteurs, parents, pères de famille, de saisir au vol toutes les occasions d'en combattre chez les jeunes hommes l'influence délétère. Or, les voyages à pied, même avec leurs risques et périls, même sans Mentor, mais entre Télémaques choisis, forts de santé et légers d'argent, sont bien certainement l'un des plus efficaces moyens de rendre par quelques-uns de ses côtés l'éducation mâle, saine et vivifiante. Quelles directions, quelles exhortations pédagogiques pourraient valoir, dites-le moi, ce contrat momentané avec la nécessité en personne, avec la réalité, sa sœur, et avec le monde son cousin? Quelles leçons pourraient remplacer cette libre action de jeunes volontés se mesurant avec des obstacles dont personne n'a préalablement adouci les rudesses ni arrondi les angles, ou cette obligation de s'entr'aider qui, naissant ici du besoin, son père véritable, bientôt s'ennoblit, s'épure et se transforme en contentement et en plaisir? Ainsi, favorisez, croyez-m'en, ces excursions auxquelles nos cantons ouvrent un champ d'ailleurs si beau, et que, plus souvent encore qu'aujourd'hui, des caravanes d'adolescents se croisent sur les cimes de nos montagnes, où, arrivées le soir au même gîte, elles s'y partagent joyeusement les grabats d'une modeste hôtellerie. Je sais un père, c'est l'un des écrivains les plus populaires de la Suisse allemande, qui, bien plus hardi que vous, que moi nous n'oserions l'être, chassait paternellement de la maison pour deux semaines, pour trois semaines, ses jeunes garçons, en leur disant : Voilà douze écus ; avec cela vous vivrez à vous trois vingt jours; vous visiterez tels endroits, vous ne ferez pas le mal, tout le reste vous regarde. Embrassez-moi, et bon voyage. » Certes, pour oser faire ainsi, il fallait avoir su cultiver dans ces cœurs d'enfants le germe vigoureux d'une moralité tutélaire ; mais pour n'oser le faire, il ne faut qu'avoir laissé ce germe se rabougrir, et le caractère s'étioler à l'ombre d'une direction qui se croit habile parce qu'elle est poltronne, et sage parce qu'elle n'affronte rien. Je retourne à mes moutons.

Voici venir justement l'agneau du troupeau, un petit touristicule de onze ans, sorte d'enfant de troupe qui rencontre son grand frère dans chacun des soldats du régiment ; il s'appelle *Léonidas ;* on lui fait passer de fameuses Thermopyles. Tantôt il joue et sautille à l'avant-garde, tantôt il s'attarde, et alors quelque grand frère le soulage de son sac ; plus souvent il éclate de rire, ou bien s'endort assis, debout, couché, en zigzag ou en quinconce.

Tout est aux écoliers matelas ou couchette.

Du reste, Léonidas poursuit les papillons, guette les sauterelles, agace les grenouilles, fait des ricochets dans les flaques, et c'est ainsi qu'il observe les mœurs et les institutions toutes les fois qu'il ne dort pas.

*Edouard*, les deux frères Auguste et Adolphe *Murray, Sorbières, Poletti, Constantin, Gustave, d'Arbely, M. Topffer*, forment une phalange de vieux troupiers, déjà connus par nos précédentes relations. Edouard et Poletti, il n'y a pas longtemps encore conscrits harassés et boiteux, sont devenus des marcheurs de la vieille garde ; les frères Auguste et Adolphe, d'Arbely, Gustave, Constantin, Sorbières, de tout temps vieille garde, soutiennent l'honneur du corps ; ce dernier, sujet à semer en route ses hardes et fourniments, n'y sème plus que son chapeau. Enfin, M. Topffer, vétéran, payeur, drapeau, aumônier, frater, général et empereur, le tout en petite tenue : blouse grise et lunettes noires. A Venise seulement, des sous-pieds pour marquer sa dignité, et un chapeau blanc comme les meuniers, pour se couvrir la tête.

*Mowbray,* insectologue de la troupe, qui soulève toutes les pierres et dérange tous les soliveaux. En quelque endroit qu'il marche ou qu'il se repose, dix, vingt pourvoyeurs officieux l'appellent à propos d'une mouche qui vole ou d'un grillon qui fait sa promenade. De cette façon Mowbray ne va jamais droit devant lui ; il oblique, il recule, il disparaît, reparaît, tourne en spirale ou décroît en asymptote, et l'on en est encore à savoir comment cet itinéraire-là l'a conduit à Venise, ou, à peine débarqué, il s'achète une tortue. Cette tortue est si petite, si douce, si intéressante, en ceci surtout qu'elle ne mange rien, soit de tristesse, soit faute d'aliments convenables, que chacun s'en mêle, la caresse, s'informe de sa santé, et prétend qu'à table, comme dans les haltes, on la laisse errer en toute liberté sur la nappe ou sur le gazon. On découvre un beau jour qu'elle boit, puis qu'elle se baigne, puis qu'elle mange, mais seulement des aliments qui flottent dans l'eau. Grande joie. Aujourd'hui cette tortue est en pension chez M. Topffer, instituteur à Genève, où elle jouit d'un air salubre, d'une nourriture saine et abondante, et d'eau à discrétion.

*Simond* Michel et *Simond* Marc, qui voyagent pour la première fois avec nous, et qui s'en tirent des mieux. Seul de la troupe, Michel jouit d'un paletot de route dit *quinze francs sans la doublure,* qui lui donne l'air d'un fashionable agrégé. Ce paletot, qui était né pour la vie civile, ainsi soumis aux vicissitudes de la vie nomade, passe par toutes les nuances successives d'une décoloration pâlissante et bigarrée, et de bai devient pie ; mais, tant la forme l'emporte sur la couleur, il conserve, grâce au style de sa coupe, un air de distinction, et conquiert des hommages jusque dans son arrière-vieillesse. Simond Michel note, écrit, contemple et procède par grands pas, tandis que Simond Marc procède par pas inégaux et discrets, regarde son chemin, blanchit au soleil, et se sent des faims à ronger sacs et courroies.

*Albin,* touriste silencieux ; excepté lorsqu'il latinise, avec un pas d'avant-garde. tient le centre ou ferme la marche. *De Bar* et *Toby* voltigent tantôt sur le front, tantôt sur les ailes ; ils sont gris de costume, blonds de cheveux, tirant sur le scandinave clair. Ils guettent les noyers. regardent aux prunes, et, d'ordre supérieur, se contentent de soupirer en passant sous les treilles ou en coudoyant les ceps.

Enfin, *David*, majordome, qui soigne nos intérêts matériels, part en courrier, nous trouve des lits, des vivres, même là où il n'y en a point, s'enroue à débattre les prix avec les hôtes madrés du Tyrol et de la Lombardie. Sans lui la bourse commune serait morte à l'heure qu'il est, au lieu qu'elle n'est que plate comme une jonquille sortant d'un herbier.

Ces vingt-trois voyageurs viennent se mêler aux autres passagers de l'*Aigle*. Le ciel est souriant, le lac tranquille, l'air calme.

Tout dort... et les vents et Neptune :

n'était cette vapeur qui ne dort pas, ce piston qui bondit, cette chaudière qui menace, et certaine rivalité entre bateaux qui menace aussi.

Il y a beaucoup de monde sur l'*Aigle :* quelques Genevois, des Français, des Anglais et aussi un monsieur qui lit à haute voix les saintes Ecritures, au murmure des conversations, au bruit de la manœuvre et aux éclats de rire des passagers, qui, dans cet instant, regardent comment on s'y prend pour hisser, d'un petit bateau dans un grand, une énorme dame effarée. C'est une opération laborieuse, pour laquelle il faut trois vigoureux gaillards qu'aucun scrupule n'empêche de saisir le ballot par le bout qui se présente, ou de roidir la tête et les deux bras contre le côté qui penche; moyennant quoi tout vient à point, et la marchandise arrive à bord sans s'en être mêlée. Ce qu'on nous hisse ainsi se trouve être une sorte d'odalisque mulâtresse, coiffée d'un long foulard pointu, chargée de bagues et colliers, et qui dit la bonne aventure. Quant au monsieur, il lit toujours. Cette gratuite obstination choque les uns, fait sourire les autres, et transforme presque un acte de piété en un acte de scandale.

Ce monsieur nous fait songer à un usage qui s'est introduit depuis quelques années dans plusieurs auberges de la Suisse: c'est celui d'y placer des Bibles dans les chambres, dans le salon, et jusque dans la salle à manger. Est-ce donc parce que celui qui pratique la lecture de saints livres ne saura pas s'adresser à l'hôte pour qu'il lui en confie un exemplaire? ou bien est-ce dans l'espoir que le grain de la parole viendra fortuitement à lever dans le cœur de ces voyageurs, qui passent affairés, qui se couchent en tumulte, ou qui dînent joyeusement à cette longue table chargée de mets et de bouteilles? Ni l'un ni l'autre de ces motifs ne nous paraît raisonnable, quand, d'autre part, nous ne voyons jamais sans un sentiment pénible la Bible, honteusement confondue avec de vulgaires ustensiles, n'être plus qu'un meuble d'hôtellerie, et, de tous, le plus délaissé. En effet, sans parler des indifférents, il se rencontre beaucoup d'hommes pieux qui estiment qu'il y a un temps pour tout, et pour le recueillement aussi; que, même en voyage, le moment le plus particulièrement mal choisi pour se livrer à une lecture efficace et respectueuse, c'est celui que l'on passe à l'auberge, au milieu du bruit, du tumulte, du plaisir, des préoccupations d'arrivée et des soins du départ.

Rolles, Morges, Ouchy, nous envoient des cargaisons

de passagers. Soumis que nous sommes, pour des considérations financières, à une diète absolue sur le bateau, nous n'avons rien de mieux à faire que de contempler philosophiquement ces coques flottantes surchargées de gens silencieux et préoccupés, que mènent du bout de la rame deux manants distraits. De tout loin, ces manants agacent de leurs joyeusetés les nautonniers de l'*Aigle*, tandis que, de tout près, ils manquent la corde, qui attrape un bourgeois, effraye une nourrice et jette bas trois valises. On frémit dans la coque, et l'on s'y empresse ardemment de faire place aux victimes, qui doivent regagner la rive. Alors l'*Aigle* reprend son vol; la coque, surprise sur le sillage du bateau, danse comme en pleine tempête, et les manants crient à l'envi. C'est que tout à coup il leur revient à l'esprit une kyrielle de commissions qu'ils ont oublié de faire. « Ohé!... la clef de la malle est restée chez Ramuze; manque pas de la réclamer. — Tu poses les raisins chez Paschoud, le panier est à Jean-Marc, et le linge à la Louise! — Ohé! ohé! dis à Pierre qu'ils ne voulont pas garder sa jument : elle a la morve! — A Joseph, qu'ils ne pouviont pas achever la toiture faute de tuiles... Il s'en manque de deux chars!... Ohé! ohé!... à l'Anglais, que sa valise... » Le reste, qui se perd dans les airs, servira pour l'ordinaire des jours suivants; tant et tant qu'à la fin cet Anglais saura où est sa valise, et dans quelle ville il doit se rendre pour changer de linge.

Vers trois heures, nous débarquons heureusement à Villeneuve, et tout aussitôt nous nous acheminons sur Aigle. Ces plages de Noville et de Chessel ne nous semblent ni aussi belles ni aussi aimables que lorsque nous les visitâmes au printemps. Ce n'est pas leur faute, c'est la nôtre. Au printemps, elles formaient comme l'endroit fleuri de notre courte promenade, nous nous y prélassions avec délices, nous les quittâmes avec regret. Aujourd'hui, elles nous apparaissent comme le seuil d'où nous nous élançons vers de lointaines et plus brillantes contrées, en sorte que nous les franchissons hâtivement, l'œil distrait, l'esprit sur Venise, et plutôt réjouis que charmés par le ravissant spectacle de ces cimes dentelées, de ces bois, de ces feuillages jaunis, qu'empourpre le soleil du soir.

Dès la première heure, et surtout dès celle-là, les débutants ne peuvent assez dire combien un havre-sac est chose légère, commode, agréable presque ; mais dès la seconde heure, ils traitent d'autres sujets ; et, par exemple, ils se plaisent à établir qu'Aigle n'est pas éloigné. Ils se trompent. Aigle est toujours éloigné, ou nous le paraît, ce qui revient absolument au même. En effet, pour tout piéton, une lieue en vaut deux, si la route est rectiligne, si la nuit suprime toute distraction des yeux, ou bien encore si le chemin lui est déjà aussi familier que : *Ah! vous dirai-je, maman.* C'est ici le cas. A la fin pourtant, voici le pont d'Aigle, les peupliers d'Aigle, la Croix-Blanche d'Aigle, où nous sommes parfaitement accueillis par un hôte solennel et un sommelier chevelu. Mais Murray manque ! Aussitôt l'on court à sa recherche, Murray est retrouvé sous un noyer. Il est triste, attendri même, parce qu'il ne se sent pas bien, et que ses jambes, qui doivent le porter jusqu'à Venise, refusaient tout à l'heure de le porter jusqu'à Aigle. On le console, on l'égaye, on le met à table ; sa santé s'améliore à vue d'œil, et tout irait à merveille, n'était le garçon chevelu, qui, sous la direction de l'hôte solennel, asperge nos blouses de vermicelle. C'est très contrariant pour des particuliers à peu près aussi dépourvus de linge et de hardes que cet Anglais qui attend des nouvelles de sa valise.

Une fois hébergés, plusieurs des voyageurs sortent de leur poche un carnet, et de leur contre-poche un crayon, aux fins de prendre note de leurs *impressions* : c'est le mot consacré. L'habitude est bonne ; bien des loisirs autrement inutiles acquièrent ainsi du prix ; en outre, ce commun penchant unit rassemble et fait parfois d'un jour de pluie, qui vous retient à l'auberge, un jour précieux pour s'enrichir de renseignements et combler son arriéré. Quand à ces *impressions,* elles se composent volontiers du nom des endroits, de la note des distances et d'autres événements pareils; mais qu'importe? On commence par là, on finit par autre chose, à mesure que l'on observe davantage, que l'on sent un peu plus, et que le crayon, à force de s'y essayer, trouve plus de mots pour dire et plus de tours pour exprimer. En attendant, le naturel se conserve, ce qui vaut, à soi tout seul, la peine d'attendre.

Sur ces entrefaites, un orage éclate : la foudre gronde aux quatre coins du temps; si nous étions des anciens, ces auspices nous feraient prendre sagement le chemin de la classe; mais nous sommes des modernes : témoin Vernon, qui, revêtu de son imperméable, part à dix heures du soir pour aller mettre une lettre à la poste. Poste, imperméable, crinoline, racahout, café, créosote, toutes choses inconnues à Caton l'Ancien et à Pline le Jeune aussi!

Un gros homme dans une fenêtre étroite. (page 31)

## DEUXIÈME JOURNÉE

Il a tonné toute la nuit, et ce grand matin il pleut encore; mais le ciel, fatigué de colère, semble disposé à sourire. A peine levé, d'Arbely écrit ses impressions. Quelles? On ne sait pas. Serait-il de ceux qui les écrivent d'avance? Il affirme que non. A ce propos, nous nous rappelons qu'un de nos touristes d'il y a quelques années, pour en être plus libre de tout soin durant la route, partait de Genève ses lettres tout écrites, datées, ployées, fermées, adressées; il ne lui restait plus qu'à les jeter en passant dans la boîte. Dans chacune il se portait bien, tout le monde aussi; nouvelles excellentes. Il faut être, non pas imprudent, non pas étourdi, mais seulement bien fraîchement né, pour jouer ainsi avec l'avenir, cette bête louche, que l'homme fait ne caresse que parce qu'il s'en défie.

Il s'agit aujourd'hui de traverser de la vallée du Rhône dans celle de Simmenthal, par le passage des Ormonds.

Jusqu'à deux lieues d'Aigle, la route, nouvellement établie, est praticable aux voitures. On monte, on s'élève de zigzag en zigzag sur le flanc d'un roc escarpé, et après beaucoup de sueurs on aboutit au Sepey : deux maisons et un cabaret, qui est l'auberge ; ce doit être désappointant pour les voitures. La commune d'Aigle, qui a fait ce bel ouvrage, se trouverait-elle dans la situation de ce seigneur romain qui, ruiné par l'escalier, ne put suffire au palais ? Il faut croire que non. Toutefois, maintenant que l'on a substitué au casse-cou de Châtel-Saint-Denis une route excellente qui conduit de Vevey à Bulle, et par là dans le Simmenthal, nous craignons qu'il ne soit devenu superflu d'en percer une aux Ormonds, et qu'ainsi ce bout de chemin n'ait pas de suite.

Nous entrons dans le cabaret pour y déjeuner. Les vivres y sont rares, le service triste et les maîtres disgracieux ; on dirait que nous en pouvons mais de ce que leur route s'arrête là. Les prix aussi sont disgracieux au Sepey, mais l'hôtesse nous en donne la raison : « Ne paye-t-on pas, dit-elle, nonante-neuf louis d'amodiation à la commune ! Croyez-vous donc que c'est rien, une amodiation de nonante-neuf louis ? » C'est donc l'amodiation que nous payons et non pas le déjeuner, comme nous étions d'abord portés à nous l'imaginer.

Au delà du Sepey, il n'y a plus que des sentiers qui s'entre-croisent, sans compter un brouillamini d'Ormond-dessus et d'Ormond-dessous. En conséquence, nous prions l'hôtesse de nous fournir un guide ; elle nous fournit son fils, jeune homme d'une grande espérance, mais qui nous demande, par l'organe de sa mère, un prix qui sent d'une lieue l'amodiation. On lui offre trois francs pour venir nous mettre sur le revers de la montagne. Le drôle ne veut pas de nos trois francs, et voilà que nous partons sans trop savoir pour quel Ormond. Par bonheur, un gros homme, qui, d'une chambre haute nous regarde passer, se met en devoir de nous tirer d'embarras, lorsque lui-même vient à s'embarrasser dans sa fenêtre trop étroite, et y demeure pincé par la panse, absolument incapable d'expectorer la moindre indication d'un sentier quelconque. Ainsi nous cheminons à l'aventure, jusqu'à ce que nous nous trouvions bientôt engagés dans l'Ormond-dessus, dont de bonnes femmes nous dégagent pour nous remettre sur l'Ormond-dessous, auquel nous nous efforçons de nous consacrer désormais tout entiers. C'est plus aisé une fois que nous avons atteint la Combaz, trois autres maisons qui forment le dernier village qu'on rencontre sur ce revers. Chose drôle! il y a là un pavillon chinois, une haie de groseilles et un monsieur assis sur une vraie chaise, qui lit dans un vrai livre : nous n'en revenons pas.

Du reste, cette vallée, à partir d'Aigle, est de médiocre beauté : point de grandeur, peu pittoresque ; et au delà de la Combaz, sur le sommet du passage, une uniformité d'aspect incomparable. C'est le premier endroit qui se soit rencontré dans nos voyages où M. Topffer n'ait su voir ni le rudiment d'un site, ni l'apparence de quelque chose à croquer. Deux pentes vertes, des chalets échelonnés, voilà tout. D'ailleurs, ce silence des solitudes, cet air des montagnes, ce parfum des pâturages qui ne se croque pas, mais qui restaure. Et puis le merveilleux, le drôle de l'endroit, c'est quand nous venons à songer pourquoi nous y sommes. En effet, qui donc imagina jamais, voulant aller à Venise, de prendre par Ormond-dessous? Vraiment nous courons risque de passer pour des fous, si l'on ne nous permet un petit mot d'explication.

Souvenez-vous, lecteur, que nous nous dirigeons sur le Tyrol ; souvenez-vous en même temps que nous voulons y arriver tout à la fois sur nos jambes, par les montagnes et sans passer par le Simplon, que nous nous réservons pour le retour ; puis, instruit de ces données, ouvrez la carte ; vous y pouvez suivre, à partir du Simmenthal, où nous allons entrer dans deux heures de temps, une ligne presque directe, et tout entière montagneuse, qui aboutit à Coire, en passant du Simmenthal, par la gorge de Wimmis, dans la vallée de l'Aar, de la vallée de l'Aar dans celle de la Reuss par le Grimsel et la Furca, de la vallée de la Reuss dans celle du Rhin par l'Ober-Alp et Dissentis. Une fois à Coire, il s'agit d'entrer dans la Valteline. Nous pourrions franchir le Spulgen pour en aller chercher la porte à l'embouchure de l'Adda ; mais, plus hardis, nous voulons, nous, y pénétrer par escalade, et aller surprendre le fleuve à sa source. Pour cela, il nous faut, de Coire, pénétrer par le mont Julier jusque dans la haute Engadine; puis dans la haute Engadine, par des sentiers à peine frayés et des hauteurs difficilement accessibles, atteindre Bornio dans un seul jour, nécessairement. Or, Bornio, c'est le dernier bourg de la Valteline, la clef du Tyrol, et, dans notre itinéraire donné, la porte de Venise. Si douze jours de marche nous ont suffi pour y arriver, c'est, vous le voyez, grâce au Sepey, grâce aux Ormonds. Vivent donc les Ormonds dessous et dessus !

Vive l'inconnu aussi ! voici madame T... qui se réjouit fort de voir l'*Engadine*. M. Topffer est pour le *Bernina*, et puis *Glurns*, et puis *Drafoy* : M. Moynier caresse *Naturns*, *Prad* ou *Prada*, et chacun se trouve avoir ainsi d'avance un endroit dont son imagination est particulièrement friande. De près, cet endroit se trouve être un trou. C'est égal, on a vu tout au moins ce que peut être un coin du monde qui s'appelle *Drafoy*, ou qui a nom *Glurns*, et ça fait plaisir. Le moyen d'ailleurs qu'une montagne qui se nomme *Bernina* ne soit pas svelte, toute plantée de bouquets de pins, et mollement assise sur des croupes ondulées et fleuries ! C'est fleuri comme l'Arabie Pétrée, planté de granits, ondulé de glaces. Le moyen que l'*Engadine* ne soit pas une prairie embaumée, où des bergères et des bergers jouent de la musette tout le long de l'an pour savoir que faire ! Eh bien ! oui, on y joue aux quilles, mais sur le lac et en juin. A chaque fois déçue ou trompée, l'imagination recommence chaque fois à donner aux noms propres un air, une figure, une musette, des bouquets et c'est fort heureux. Combien, en effet, d'Engadines que nos yeux ne verront point ! combien de Drafoys, de Naturns, que ne fouleront jamais nos pas ! En attendant, la fée nous les montre ; ils nous paraissent charmants ou vilains, selon qu'ils s'appellent *Vivis* ou Vevey, Coire ou *Chur,* Hanz ou *SelyaPiana,* et de cette façon, chacun de nous, quand il part pour l'autre monde, a vu cent fois celui-ci en lanterne magique.

Mais savez-vous qui tue la fée, qui éteint la lampe, qui change en pâle nuit les vives couleurs, les mouvantes figures, les amusantes scènes où se plaisait votre œil charmé ? Ce sont les itinéraires. Lisez-les et vous êtes perdu. Tout vous sera familier d'avance, la ville, l'habitant, le quai, le dôme. Tout vous aura été traduit d'avance en ignoble prose, en ingrate et bête réalité, mélangée de poids et mesures, ornées du tarif des monnaies. Avant d'arriver, vous saurez déjà tout par cœur, et, revenu chez vous, vous n'en saurez pas davantage. Plus d'impression vive, neuve, spontanée ; plus d'écarts possibles pour l'enthousiasme, plus d'espace pour les souvenirs, plus d'entraînement pour l'admiration ; vous savez au juste, et par dire d'experts, ce qui est à louer, à ne pas louer, à trouver sublime, à trouver mesquin. Vous voilà ce docte ennuyé qui, le livret à la main, lorgne et constate, au lieu d'être ce voyageur qui apprend avec curiosité, qui observe avec amusement, qui tantôt ajoutant, tantôt retranchant aux tableaux de la fée, tour à tour la tance ou l'adore, la raille ou l'instruit, et sans cesse lui ouvre de nouveaux domaines que bien vite elle peuple et décore. Fuyez donc les itinéraires, fuyez les cicérones ; tous ces industriels-là ne visent qu'à faire taire son charmant babil, pour vous vendre à la place leur insignifiant radotage. Seulement, exceptez de la proscription le bon Ebel, Marray, Joanne, quelques autres encore, qui sont, non pas des guides bavards, mais bien plutôt des compagnons instruits et sensés ; après quoi, brûlez tout le reste, brûlez surtout cette redoutable *Venise en huit journées* qui se reproduit d'itinéraire en itinéraire pour la plus grande gloire de l'inventeur ; cette Venise à huit compartiments, ce cauchemar de huit quintaux, ce calice à huit drogues que nous ne sommes pas même certain de n'avoir pas bu, puisque, à l'heure qu'il est encore, un je ne sais quoi s'attache à nos souvenirs de Venise, les importune, les harcèle, comme pour les refendre en huit et les ployer en quatre !

Au delà des pâturages des Ormonds, l'on retrouve, en descendant sur Château-d'Oex, les sapins d'abord, puis les hêtres, les noisetiers, et un petit chemin qui serpente à l'ombre de tout cela. Nous trouvons dans ce chemin un naturel et sa vieille qui descendent aussi en compagnie de leur vache. Ce brave homme n'a jamais vu tant de monde à la fois dans ce chemin-là. « Oh ! dit-il ; et où est-ce que vous allez donc bien ? — A Venise. — Oui !!! — Oui. — Bon ! bon ! bon ! bon ! bon ! (comme qui dirait : là, là, j'y suis, j'y suis !) Et où est-ce, Venise ? — Là-bas. — Oh !!! — A droite. — Oui !!! — Oui. — Bon ! bon ! bon ! bon ! bon ! » Et ainsi de suite durant un petit quart d'heure, dans la même gamme fidèlement. Mais voici Château-d'Oex ; nous brisons l'entretien, et, doublant le pas, d'un saut nous sommes dans la salle de l'auberge, où l'on nous sert à boire ; de vivres, point. Il y en a pourtant, mais la bourse commune vient de déclarer à l'hôte que nous n'avons pas faim. » Et de l'eau, s'il vous plaît. »

Ce Château-d'Oex à *Saanen*, qui s'appelle en notre langue *Gessenait*, c'est une promenade de trois lieues. La soirée vaut celle d'hier. Tout rit, tout scintille ; une fraîcheur sans brise tempère les ardeurs d'un soleil radieux, et les yeux se promènent sur un tranquille spectacle de champs et de prairies qui récrée sans distraire, en sorte que le babil va son train. Aussi la promenade nous paraît courte, et nous entrons tout dispos encore à l'*hôtel de l'Ours,* bramant après le souper, qui s'apprête lentement. A la fin, une table se dresse, un monsieur s'y place avec nous, et l'on nous sert trois poulets uniques, je veux dire indignés, farouches, et qui trouvent la plaisanterie d'être mangés tout à l'heure du dernier mauvais goût. On leur fait leur affaire, et à des perdrix aussi, qui se trouvent être une dissimulation ingénieuse de poisson gâté. Quant au monsieur, sa soupe mangée, quelqu'un le demande et il disparaît. Oh !... d'une part, la politesse exige que nous attendions; d'autre part, la Trinité se passe, et Marlborough ne revient pas ; alors nous prenons le sage parti de lui servir scrupuleusement ses portions, et nous dévorons les nôtres.

Un naturel et sa vieille. (page 34)

## TROISIÈME JOURNÉE

Au sortir de Gessenai, la route zigzague. Connu... Tout aussitôt nous prenons par les prairies, puis, tournant à gauche, nous escaladons le plateau, tandis que bien loin rampe sans fin ce long serpent de route. Par malheur, l'Aurore a prodigieusement pleuré ce matin, et nous voilà dégouttants de rosée ; c'est humide, mais c'est très poétique.

La vallée du Simmenthal présente, dans un espace d'environ vingt lieues, non pas des sites remarquables précisément, mais intéressants et variés. A partir surtout des rochers de Gruyère, au-dessous desquels la Sarine mugit dans de profonds abîmes, bordés et recouverts presque d'une végétation admirablement riche et vigoureuse, on passe insensiblement par tous les degrés qui séparent le touffu de l'ouvert et l'agreste du sauvage. Le point le plus élevé est au-dessus de Gessenai ; de là on redescend vers des sites qui ne ressemblent point à ceux de l'autre côté : c'est le paysage bernois, plus grand, mais plus monotone ; sévère, mais éclatant de verdure, où l'esprit d'ordre, où le hardi travail du colon vigoureux s'impreignent jusque dans la coupe ordonnée des bois, et dans la lisière carrément alignée des forêts séculaires. Près de Boltigen, la Simmen s'engage dans un couloir étroit et tourmenté, tout encombré de rocs qui lui disputent le passage, et l'on a dans cet endroit le spectacle d'une petite *Via Mala,* sans que la vue en coûte rien. Au delà, le paysage se tranquillise, la vallée se rétrécit insensiblement, et, par la sauvage gorge de Wimmis, l'on débouche sur la riante campagne de Thun. Il y a peu d'années la route du Simmenthal était étroite et dangereuse dans plusieurs endroits ; elle est aujourd'hui sûre, large et bien entretenue partout, ce que nous disons pour l'instruction de ceux qui aiment à faire tranquillement, en voiture et en famille, une excursion facile dans une contrée montagneuse, sur un chemin sans poussière, sans courriers, sans grelots, et point encore encombré de touristes.

Du reste, malgré la beauté de ce chemin le voyageur Vernon trouve que son havre-sac lui scie le dos, et il sent distinctement une démoralisation interne, qui, après avoir ravagé ses deux épaules, attaque ses clavicules. Selon la méthode des plus fameux médecins, M. Topffer pour soulager le mal en donne la raison. « Au troisième jour de marche, dit-il, le sac venait à être posé sur les omoplates, endolories par leur travail des deux jours précédents, il est parfaitement normal qu'il en paraisse plus lourd de dix livres, et il serait anormal qu'il ne le parût pas. » Cette explication ne soulage pas du tout Vernon, qui, selon la méthode des plus fameux malades, recourt aux drogues, consulte les fraters et s'administre toutes les recettes, essayant tous les modes de transport, dessus bras, dessous bras, courroies courtes, courroies longues, froid, tiède, chaud, sucré, amer, en équilibre, en suspension, homéopatiquement, allopatiquement, morévésimacbéficassippocondrilliquement, s'embrouillant ainsi dans une série indéfinie de mécaniques aussi ingénieuses et compliquées qu'elles sont vaines et décevantes. Léonidas s'en tire bien mieux. Ses camarades, en effet, se sont répartis entre eux le contenu de son sac, en sorte qu'il gambade léger et le plus normalement du monde.

Cependant nous sommes à jeun, et Zweisimmen, où nous devons déjeuner, ne paraît pas encore, lorsque, par bonheur, on nous avertit que nous y sommes. O l'agréable nouvelle ! En effet, l'ancienne route, sur laquelle nous nous imaginons cheminer, traversait ce bourg, tandis que la nouvelle, sur laquelle nous sommes réellement, la rase. Il n'y touche que par une auberge où nous entrons ; c'est *à l'Ours* encore. A *l'Ours* on nous sert cette décoction fabuleuse dont nous avons eu maintes fois l'occasion de parler : une sorte de café tiré d'une fusion de quelque chose d'incolore qui n'a pas de saveur : on mélange cela avec du lait, et c'est délicieux, quand on a marché trois heures à jeun et dans l'état normal. On nous sert du *kirschmüss*, la confiture de ces contrées ; c'est une sorte de miel noir, fait de petites cerises de montagnes, et qui, pour les amateurs, l'emporte sur toutes les confitures civilisées, par je ne sais quelle saveur agreste et quel bouquet fin et sauvage à la fois. Tout ceci dans une chambre en bois, et au sourire du soleil, qui illumine les ustensiles bien lavés, une nappe fraîche et une demeure partout proprette et nettoyée. Prix : cinq batzen.

Quand les philosophes avancent que la richesse porte préjudice au plaisir, c'est vrai ; car cette pauvre richesse n'imagine pas qu'on puisse déjeuner mieux que bien, c'est-à-dire dans le meilleur hôtel et avec du moka. Quand ils disent que le rang, que les honneurs portent préjudice au plaisir, c'est vrai ; car le rang, les honneurs, en fussent-ils les maîtres, n'imagineraient point d'aller à pied se faire servir dans un trou. Quand ils disent que la vanité corrompt, hébète, fait l'homme tout semblable à une sotte et maussade créature, pas bonne et un peu stupide, c'est vrai encore ; car le vaniteux, qui est si laid, ne se plaît pourtant qu'à paraître ; là où il n'est pas vu, il s'ennuie ; là où il est vu, il est rarement content. Ce mesquin ignore même ce que connaît le riche, ce que le grand recherche, les charmes de la bonhomie, les agréments du naturel et de la simplicité, les douceurs de la solitude, l'attrait de cette oisive obscurité que l'un et l'autre parfois savent se faire pour y chercher un repos rêveur ou une paisible mélancolie. Mais quand ils avancent que gaieté, joie, plaisirs, sont le lot assuré d'une condition médiocre, je pense que ceci était vrai dans les temps où une condition médiocre comportait ce repos d'esprit, d'affaires, de politique, qui n'existe plus aujourd'hui, et sans lequel pourtant il n'est ni de pures journées, ni d'amusant mouvement, ni de folles joies, ni d'excursions à la bonne, ni de déjeuner au kirschmüss. Où sont, dites-le-moi, où sont les bourgeois d'aujourd'hui qui songent à ces choses ? Où sont les particuliers aisés ou médiocres, tant qu'on veut, qui ne soient pas affairés toujours, soucieux toujours, sombres, roides, serrés, boutonnés, et disposés en toute rencontre à s'occuper d'élections, de banque, de trente-six constitutions, ou de l'Orient même, bien plus qu'à jouir une fois par an des plaisir à leur portée ? Le pauvre seul chante encore ; mais on le travaille, on l'instruit, on lui inspire le dégoût de sa condition ; dans quelques années il ne chantera plus ; et le monde alors sera gai comme une porte de prison, amusant comme un vestibule de chancellerie !

Et ce n'est pas seulement le kirschmüss de Zweisimmen qui nous suggère ces réflexions, elles se présentaient sans cesse à notre esprit de l'autre côté des Alpes, lorsque nous rencontrions, à l'approche des villes, des charretées de gens en pleine fête, lorsque nous traversions des villages, des bourgades remplies de gais bourgeois, de petit peuple en train de rire, de marchands même, tout entiers à Polichinelle, tout entiers à une musique de carrefour, tout entiers à se divertir aussi bien qu'à vendre. « Ces gens, ô Télémaque! me rappellent mes heureux de la Bétique, tout autant, pour le moins, que les plus honorables particuliers des villes et bourgades de l'autre revers. » Sans doute il faut les plaindre d'être courbés sous le joug d'un monarque quelconque, et totalement privés de la lecture des feuilles radicales; mais il faut convenir aussi que ces gaillards-là dissimulent à merveille leur désespoir, et que jamais on ne vit des infortunés se divertir de meilleure grâce. Fuyons, mon enfant; ce spectacle n'est pas bon. A la longue, il ferait haïr la liberté à cause de son vacarme, le progrès à cause de sa fièvre, l'industrie à cause de ses transes, les gazettes à cause de leurs mensonges, les sociétés constitutionnelles à cause de leur croissant ennui, et l'on finirait par s'imaginer que le petit bourgeois peut vivre, à la rigueur, peut être heureux sans tous ces engins-là.

Fuyons, voici Polichinelle.

Pendant le déjeuner, arrive la malle poste, qui repart tout à l'heure. Une idée vient à Vernon, c'est d'y prendre place jusqu'à Erlenbach, où nous devons coucher ce soir. Accordé. Aussitôt Vernon renverse son écuelle, enjambe la table, prend deux des sacs, oublie son bâton, se lance dans la malle, et roule, roule déjà bien loin. De notre côté, nous ajustons nos sacs sur le chariot d'un paysan, et, déchargés de ce fardeau, il nous semble que nous roulons aussi. Nous avons devant nous huit heures de jour et cinq lieues à faire; c'est le cas de convertir la marche en simple promenade. Les uns donc s'administrent des haltes à tout bout de champ, les autrent donnent la chasse à un quadrupède inconnu qui traverse la route et se perd dans les herbes. M. Topffer jette un soliveau blanc dans la Simmen et il fait vœu de ne pas s'en laisser devancer : c'est un jeu comme un autre. Tantôt le soliveau gagne, tantôt, rossé en chemin par des bouillons, il s'attarde; mais le plus palpitant de la chose, c'est quand il faut, pour traverser un bois ou tourner un village, perdre de vue son partenaire. On rejoint bien la rive : mais a-t-il passé, et faut-il courir? est-il en retard, et doit-on l'attendre?... A la fin on l'aperçoit tout là-bas, qui tournoie tranquillement dans un remous, et, sans réfléchir que c'est lui qui nous fait là débonnairement un si beau jeu, l'on ne s'estime pas du tout sot, en vérité, d'avoir gagné la partie.

Nous arrivons de bonne heure à Erlenbach, où l'ours est bien sur l'enseigne, mais l'hôtesse est aux champs. On l'envoie chercher, et, en attendant, des voisins allument le feu et préparent les marmites. Ici Vernon s'achète une ligne en cas de pêche, d'autres du sucre d'orge en cas de rhume, ou un crayon de charpentier en cas d'impression. Plusieurs vont visiter l'église et son tranquille cimetière. On y monte par une rampe. Tout est en paix, silence, dans ce religieux et mélancolique asile : n'était l'agrément de vivre, l'on voudrait y laisser ses os et s'y endormir dans ces tombes fleuries, au bruit de ces insectes qui bourdonnent. Auprès est la cure, masquée par des touffes de dahlias, presque enfouie sous des arbres fruitiers, et d'où le ministre, quand il fait ses prônes, voit à la fois ses morts, ses vivants, la maison de Dieu, et tout autour les œuvres qui racontent sa gloire. Au soleil couché, l'hôtesse revient des champs, et il est nuit close quand nous pouvons enfin nous mettre à table. Entre autres choses, l'on nous sert ici deux gros plats de champignons, aussi entiers, aussi crus d'apparence que si on venait de les ramasser dans le bois. Les plus connaisseurs s'abstiennent d'y toucher, peur d'empoisonnement, lorsqu'on apprend que ce sont des champignons de pâte frite au moule. Alors les plus connaisseurs réclament bien vite leur part du danger.

Un monsieur affligé. (page 50)

## QUATRIÈME JOURNÉE

Au sortir du Simmenthal, nous quittons la route de Thun, et, passant le beau pont de Wimmis, nous voici engagés dans cette verte plaine coupée de collines boisées, qui s'étend du pied du Niesen jusqu'à la rive escarpée du lac. Spietz, où nous comptons déjeuner, est situé sur cette rive, derrière un petit mont que nous ne tardons pas à franchir. Quel endroit pour un peintre que ce petit mont! Arbres moussus, chemins rocailleux, partout des accidents de terrain, des niches de gazon, qui vont se perdant sous des branches basses; et çà et là un vieillard qui fait des fagots. De plus, les deux rivières de la Simmen et de la Kander, profondément encaissées entre des moraines, qui se succèdent les unes aux autres en serpentant vers l'horizon, forment des seconds et des arrière-plans de toute beauté. Nous ne rencontrons point de peintre, mais, en revanche, nous croisons une compagnie de touristes

Ils sont Anglais, de l'espèce *no-no,* en sorte que l'on se croise sans se mot dire, sans que la dignité humaine reçoive de part ni d'autre le plus léger échec.

Rien d'ailleurs n'est plus bernois de caractère que ces deux endroits, Wimmis et Spietz. Le château du Baillif y est encore debout, sur la hauteur, dans toute sa lourde et forte ampleur, avec ses fenêtres étroites, sa cour intérieure, ses tours carrées, ses gros terrassements. Autour, de grands peupliers, des chênes robustes, des noyers séculaires, puis les prairies fraîches et tendres, où se prélassent des vaches énormes. Le tout donne une impression de grandeur, de force, de nationalité vigoureuse, et l'on se prend à souhaiter que, plus libre et plus heureux, le peuple bernois d'aujourd'hui soit ou devienne aussi puissamment constitué que le peuple bernois d'autrefois.

Déjà notre avant-garde est arrivée à Spietz. Outre le château, il y a là une taverne. Quelques-uns entrent dans la taverne, où ils font, rien que pour voir, un inventaire des vivres et des boissons. Les autres, demeurés en dehors, s'entretiennent avec la famille d'Erlach, qui prend e frais sur la terrasse du château. « C'est à Fulsée, leur dit-on, qu'il vous faut aller ; vous ne trouverez qu'à Fulsée de quoi déjeuner. » Là-dessus toute l'avant-garde s'envole à Fulsée, et des signaux sont faits aux traînards pour qu'ils se dirigent sur cet endroit. Les traînards n'y manquent pas, M. Topffer en queue, qui prend par les prés et guide de l'arrière droit sur le kirschmüss indiqué.

Cependant un homme herculéen descend le rocher de Spietz, agitant sa crinière, et tout semblable à Oreste poursuivi par les Furies. On s'arrête, on se retourne, on contemple le désespoir de l'infortuné, qui, prenant aussi par les prés, arrive droit sur nous, gesticulant, ruisselant, violet, furibond, et baragouinant du gosier une épopée en haut allemand à n'en pas finir. Nos drogmans s'approchent, et nous apprenons avec surprise que les gens de la taverne ont préparé un déjeuner pour vingt-deux personnes. « Mais on n'a rien commandé ! — On n'a rien décommandé non plus. — Mais M. d'Erlach nous a conseillé d'aller à Fulsée ! — M. d'Erlach a trop parlé. » Sur quoi l'on compose. M. Topffer paye, l'homme s'en va, et c'est ainsi que nous avons été assez maladroits ce jour-là pour payer deux déjeuners et n'en consommer qu'un.

Une chose pourtant nous reste de l'aventure ; devinez laquelle ! C'est le mot de cet homme : *M. d'Erlach a trop parlé*. Ce mot devient proverbe dans la troupe, et à quiconque intervient sans nécessité, s'interpose officieusement, ou s'entre-mêle à plaisir, on applique tout chaud un « M. d'Erlach a trop parlé ». Certainement M. d'Erlach n'a voulu que nous obliger, et il l'a fait le plus gracieusement du monde, ce qui n'empêche pas le mot de l'homme violet d'être à la fois concis, juste, expressif, fin et convenable. Tous les paysans ont du style.

Enfin voici Fulsée ; c'est un trou bien autrement petit que Spietz, une taverne de quatre sous au bord de l'eau. Décidément il a trop parlé, M. d'Erlach. Toutefois le déjeuner vaut mieux que ne le fait présager l'hôtellerie ; le kirschmüss surtout l'emporte encore sur celui d'hier, et, si Vernon y consentait, nous lui en mettrions une charge sur le dos. Douze batzen le pot. Sur ces entrefaites, une belle calèche s'arrête devant la porte. Nous y considérons, gravement assis et juxtaposés, le roi et la reine de Hongrie, qui, de leur côté, nous considèrent juxtaposés pareillement et assis autour de notre kirschmüss. De tout temps, dans nos caravanes, on a appelé le roi et la reine de Hongrie ces époux touristes qui, graves et parés, voyagent sans y prendre garde, et comme pour la montre. Il faut que le monsieur ait soixante ans accomplis et un habit bleu à boutons d'or ; la dame cinq ans de moins, un béret, si possible, l'embonpoint serré dans une robe de bal, pas de châle et force falbalas.

Nous nous proposons de nous embarquer ici pour Neuhaus, mais les bateaux y sont rares ; une seule barque sans banc, sans pavillon, est amarrée à la rive, on l'équipe pour nous tant bien que mal, et nous voguons lentement, exposés aux ardeurs d'un soleil brûlant. Auguste et quelques-uns emploient tout le temps de la traversée à se construire, avec des blouses, des sacs et des bâtons, une tente mécanique, qui ne manque jamais de crouler dès qu'elle est arrivée à son plus haut point de perfection ; d'autres pêchent ; le grand nombre attrape des coups de soleil sur le nez, et M. Topffer seul se félicite intérieusement de ce qu'il n'y a ni vent, ni air, ni souffle, tandis qu'extérieurement il compatit à des souffrances qu'il partage. Après trois heures de grillade, nous touchons à Neuhaus, et d'un saut nous sommes à Interlaken.

Nous rencontrons ici, dans l'espace d'une demi-heure, plus de touristes *no-no, uï-uï* et autres, que nous n'en verrons dans tout le reste du voyage : et cependant, ici aussi, ils n'affluent pas. On dirait, en vérité, que l'espèce commence à se perdre ; c'est le moment d'en faire empailler. Chose admirable, excellente, pyramidale : il y a des glaces à Interlaken ! des glaces toutes prêtes ! On envahit le café, sauve qui peut ! et un grand attroupement de ladys se forme à l'extérieur, qui nous regardent faire ; c'est que tout est événement, distraction, amusement à Interlaken, à peu près comme dans les endroits où il n'y a ni amusement, ni distraction, ni événement de reste. La nature y est magnifique, sans contredit ; mais à voir le genre des pensions, et la façon dont elles sont entassées, le mode de vivre et de se récréer des pensionnaires, leur ton, leur parure, leur gentlemanie tout particulièrement exquise et soutenue, il nous vient toujours à l'esprit que ces gens recherchent les beaux sites et la Jungfrau bien moins pour regarder que pour être vus. Au surplus, ils nous font plus envie que pitié, et nous, pensionaires aussi, volontiers nous leur céderions pendant un mois notre place contre la leur.

A Interlaken, tout est gentleman, marchand ou batelier. Dès qu'on entre dans l'avenue, ces gentlemen vous considèrent, ces marchands vont vite à leur poste, et ces bateliers vous sautent dessus comme des puces sur des carlins, pour vous boire le sang. Les voyageurs novices croient devoir répondre, offrir un prix, contester, et ils franchissent l'avenue sans se douter de la Jungfrau. Les voyageurs expérimentés regardent la Jungfrau et se laissent faire. Nous saluons en passant deux jolies dames françaises que nous retrouvons ici après les avoir quittées sur l'*Aigle*. Elles ont l'air sœurs : l'une est pourtant la mère de l'autre. Toutes deux répondent à notre salut par un gracieux sourire qui ne peut manquer de nous porter bonheur.

A la fin, il faut bien s'apercevoir que les bateliers sont là. Quel troupeau, grand Dieu ! Et comment, serrés de si près, faire de la diplomatie qui vaille quelque chose ? On en fait pourtant et elle réussit. Tout à l'heure nous voici en plein lac de Brientz, naviguant à l'ombre des promontoires, et promenant nos regards sur ces magnifiques rives. De fort loin nous entendons, tant l'air est calme, le sourd fracas des chutes du Giesbach à notre droite. Je ne sais quoi de stationnaire navigue à notre rencontre : c'est le bateau à vapeur. Tout innocent qu'est ce navire, nos bateliers lui gardent rancune.

A Brientz, l'aubergiste est sur la rive, qui nous accueille, nous héberge, nous fait un prix, en idée du moins, car la proie lui échappe et s'envole vers d'autres vautours. Plus loin, même scène. On a construit à l'extrémité du lac un grand *hôtel de Bellevue* tout rempli de grands vautours. Les oisillons leur passent sous le nez. C'est dur, mais que faire? Pour nous, tant nous sommes compatissants, si la bourse commune y consentait volontiers contre quelque

4

victuaille nous laisserions à chaque rapace quelques-unes de nos plumes.

La nuit survient, nous marchons au bruit des cascades qui s'entendent de toutes parts. Pas un passant, pas un touriste; à peine quelques chèvres attardées qui regagnent leur bercail, chassées par la gaule d'un cadet de chaumières. Plusieurs se démoralisent et ne marchent plus que par ressouvenir. Voici une lumière : c'est Meyringen? Pas du tout; c'est dans le bois, la lumière du petit Poucet; il nous faut encore trois quarts d'heure pour arriver au *Sauvage,* où nous soupons comme des ogres.

Au *Sauvage,* l'hôte est chauve comme un Osage, et le sommelier rose et joufflu comme les plus frais Cupidons de Rubens. Du reste, nous n'y retrouvons pas ce pauvre monsieur de l'an passé, qui avait perdu sa tête.

---

Le touriste imperméable et le touriste à sous-pieds. (page 52)

## CINQUIÈME JOURNÉE

Le temps est toujours radieux, et, sans que j'insiste, lecteur, vous vous doutez de ce que peut être une belle matinée du Hasli : fraîcheur éthérée, mélange d'ombres limpides et de claires verdures, musique sonore des cascades, tout ce qui enchante le touriste et lui promet du plaisir. A cette heure, la rue de Meyringen est encombrée de guides, de mulets, de caravanes qui s'apprêtent à partir dans toutes les directions. On prend son café au milieu de ce charmant tumulte, et, plus tard, l'on se souvient de ce café comme d'une grande fête. Pauvre monsieur, qui avait perdu la sienne ! Où est-il maintenant ? Où soupe-t-il triste et abattu ? Où couche-t-il son lugubre désappointement ? Aurait-il su du moins se trouver ou se faire quelque part une petite fête à son usage, une illusion de réjouissance, un prestige de pompes qui ne soient pas funèbres ? On n'en sais rien, absolument rien.

Nous partons. Un mulet de sûreté nous accompagne, plus un guide. Cette montée du Grimsel débute par d'adorables petits chemins qui serpentent dans un rocher couronné de beaux châtaigniers; du sommet de ce rocher, on découvre une jolie vallée, qui fut un lac bleu, qui est aujourd'hui un lac de douce verdure. A gauche s'ouvre le passage du Susten; en face, celui du Grimsel, au-devant duquel les géologues admirent un roc *perché*. Comment un roc *perche* ou *se perche,* c'est à ces messieurs de le dire, mais c'est à nous de donner le dessin du phénomène.

Quatre femmes qui portent des œufs à l'hospice montent avec nous. Conformément au costume du Hasli, elles portent le mouchoir rouge en bandeau sur le front. Vernon considère ce bandeau d'un œil amateur : après quoi, reprenant son chemin : « Pour porter un bonnet, dit-il, il n'y a qu'une Provençale ou une créole. » Et allez! Voilà d'un seul coup condamnées ces pauvres Hasliennes, qui ne portent point de bonnets, et tant de dames qui en portent. Rien d'impitoyable comme un apophthegme.

Au delà du roc *perché,* nous commençons à rencontrer des touristes qui descendent. Le premier est de l'espèce *sous-pieds.* Le touriste à sous-pieds est gêné pour marcher, comme certains aquatiques qui nagent mieux qu'ils ne se promènent. D'autre part, quand le touriste à sous-pieds est sur son mulet, cet accoutrement bois de Boulogne jure avec les sapins. Chose remarquable! on trouve dans tous les règnes de ces ornithorhynques qui ne sont ni rats ni oiseaux, mais un peu tous les deux.

Plus loin (cette vallée est très riche en espèce rares et curieuses) nous trouvons une autre variété : c'est le touriste *imperméable,* qui est triste, soigneux, mais jamais mouillé; il voyage pour cela. Ce touriste-là descend timidement le long des rochers, regardant le ciel, désirant la pluie, et, au moindre signe d'humidité, il s'imperméa immédiatement. Le voilà alors sous son vrai plumage, celui de maître corbeau, perché aussi.

Plus loin, le touriste *no-no,* haut comme une grue, muet comme un poisson ; il se salue lui-même et ceux de son espèce ; pour tous les autres touristes, il ne les empêche pas de passer, voilà tout. A table d'hôte, il ne se doute point qu'on soit à côté de lui, ni en face, ni ailleurs, et il méprise beaucoup *les pays où tutu le monde parlé à tute le monde.*

Plus loin, le touriste *en litière,* un infirme ou une dame. Quatre forts gaillards se relèvent pour le porter. Le touriste en litière s'enveloppe de châles, s'achemine pâle, arrive éteint, et va vite se coucher. On le refait avec du calme et des boissons chaudes.

Plus loin le touriste *parleur.* Il est accommodant et tout beau suffisamment, pourvu qu'il parle. Ordinairement il se tient une victime qui est son épouse ou son ami, quelques fois tous les deux ; alors ils se relèvent. En face d'une chose à voir, le touriste parleur énumère toutes celles qu'il a vues, sans en omettre aucune ; après quoi il dit : « Partons. » C'est qu'il veut changer de sujet.

Plus loin, le touriste *furibond.* Il est hagard, indigné, fait des pas de deux mètres, s'offense si on le regarde, jure si on ne lui fait place, brusque si on le retarde. Il ne porte rien, mais un guide chargé court après lui. Cette espèce est rare. Nous l'avons trouvée au-dessous de la Handeck, après le pont.

Telles sont les principales variétés que nous avons pu étudier cette année et ce jour-là. Plus loin, je l'ai déjà dit, nous n'avons plus rencontré de touristes, si ce n'est à Venise, deux ou trois, de l'espèce si commune du touriste *constatant.* Le touriste constatant est celui qui hante les galeries, les musées, les monuments publics, où, un itinéraire à la main, sans presque regarder, il constate. Tant que tout est conforme, il bâille ; mais si l'itinéraire l'a trompé, il devient furieux, on ne sait plus qu'en faire. Le cicerone se cache, l'aubergiste l'adoucit, sa femme le plaint, et les petits chiens aboient.

Cependant nous atteignons le hameau de Guttanen, qui est à mi-chemin du Grimsel. Au delà de ce hameau, la végétation devient plus rare et plus sauvage, la vallée s'encaisse entre des parois de granit, et l'Aar mugit au milieu d'un désordre de rocs et de moraines ; l'on a sous les yeux ce grand paysage alpestre auquel le beau talent de M. Calam vint donner, il y a peu d'années, une valeur et une célébrité artistiques. Encore quelques efforts, encore quelques chefs-d'œuvre surtout, et la cause de ce paysage-là, tout récemment encore mise en question, à Paris, sera définitivement gagnée. Nous nous en réjouirons pour notre part, non pas seulement parce que le domaine actuel du paysage se sera étendu et enrichi, mais aussi, et surtout, parce que nos artistes, après avoir eu l'honneur de cette conquête, seront par cela même acheminés à la conserver, et qu'il y aura ainsi au milieu de nous un art suisse vivant sur le sol et du sol, au lieu d'un art cosmopolite qui ne serait propre, avec le théâtre, avec tant d'autres choses, qu'à limer, lui aussi, par un petit coin, le premier, le plus cher, le plus grand de nos biens, notre nationalité. Au surplus, de ces critiques récentes de la presse parisienne, les unes sans portée, les autres inconvenantes ou injustes, toutes d'une flatteuse sévérité, ce que nous avons recueilli de plus précieux à notre gré, justement ceci, qu'elles aboutissent à caractériser bien nettement, et par ses défauts aussi bien que par ses qualités, une école genevoise, nationale, vivant de sa vie propre. Là, en effet, est le gain, le progrès ; là est la voie où il faut persévérer et marcher, et dans l'art, et dans les lettres, et en toutes choses, puisque, après tout, on n'est un peuple, on n'est homme, que si l'on en a les membres, et non pas si on les emprunte.

A ce propos, nous avons entendu quelquefois, et jamais sans en être aussi surpris qu'affligé, reprocher à un de nos artistes (1) de faire toujours du Grüttli, toujours de l'histoire suisse. Quel injuste et singulier reproche ! et que c'est peu encourageant pour un homme qui a fait des efforts et des sacrifices de tout genre dans le noble but d'élever à la hauteur où il l'a mis le style de l'histoire suisse et nationale, que de s'entendre apprécier ainsi par des Suisses, par des nationaux ! Quoi ! valait-il donc mieux que cet artiste vouât son savoir et ses talents à l'histoire de France, à la romaine, à la grecque ? Est-ce qu'avec un cœur noblement, chaudement patriotique, l'on manie indifféremment pour tous pays le pinceau de l'histoire ? Est-ce qu'il y a une histoire plus belle, plus attachante, plus saine que la nôtre ? Ou bien, ces compositions-là, craignez-vous donc qu'elles n'encombrent vos maisons, quand de laborieuses études et toute une vie ne sont pas de trop pour en accomplir quelques-unes ? En vérité, ce reproche n'accuse que l'irréflexion de celui qui le fait, et il tombe d'ailleurs devant cet empressement avec lequel, par trois fois déjà, nos concitoyens ont acheté par souscription, et donné au musée de la ville, des tableaux tout suisses tout nationaux, et par le site, et par le sujet, et par les pinceaux qui les ont produits.

Ceci soit dit en passant, en montant, veux-je dire, car nous voici tout à l'heure à la Handeck, où la pluie nous atteint. Léodinas, ce touristicule, hélas ! trop peu fendu, est bien loin en arrière. M. Topffer et deux ou trois autres l'attendent, tout en ayant soin, à l'approche du traînard, de s'entretenir familièrement d'une grande race de loups qui habitent ces cavernes qu'on voit à droite et à gauche. « Et voilà pourquoi, lui dit-il, nous vous avons attendu. » A partir de ce moment, Léonidas est bien loin en avant, et

---

M. Lugardon, de Genève.

jamais sans escorte. Certainement il est des petites fraudes qui, sans être pieuses, ont du bon pourtant, et terminent les affaires à la satisfaction générale.

Nous trouvons le chalet de la Handeck rempli de monde : touristes, hommes du pays, guides et buveurs. Parmi les premiers, des gens titrés : un marquis, une marquise ; puis une famille alsacienne, dont le chef est un monsieur que nous trouverons aimable et de bien agréable compagnie ; pour l'heure, il joue du flageolet. C'est aimable déjà, et agréable surtout ; mais, je ne sais, la culture persévérante de cet instrument, quelque honorable qu'il soit, et légitime autant qu'un autre, présuppose chez le sujet un esprit légitime autant qu'un autre, et honorable aussi, mais mince, fluet, et de cinq trous percé. Tout d'abord, vous êtes disposé à vous imaginer que l'ingénieux virtuose a dû consommer quantité d'heures à tourner des salières en ivoire ou des bilboquets en buis ; qu'il sait des recettes pour cuire la colle, des procédés pour enlever les taches, une façon de boucler ses souliers, et une autre d'élever des rossignols ; d'ailleurs, bon époux, bon père, bon citoyen, parce que ces passions le laissent tranquille, et qu'il n'est rien tel pour être bien sage, que de jouer du flageolet toute la journée. Et voyez un peu comme l'on se trompe ! Notre monsieur alsacien, avec qui nous sommes destinés à passer un jour entier, se trouvera être un négociant d'une conversation nourrie, d'un commerce rempli d'agrément. En même temps, c'est vrai, il sait des chansons drôles, il escamote, il fait des tours, voilà tout ce qu'il a de flageolet dans l'esprit. On dirait un terrain sain et fertile en bonnes herbes, avec de petites fleurs qui n'y gâtent rien. Aussi penserons-nous bien désormais de quiconque joue du flageolet. En jouez-vous ?... moi non plus.

Après un petit rafraîchissement, nous allons visiter la fameuse cascade du lieu, belle dans le genre, à tous les titres, sans compter qu'au rebours des autres cascades, celle-ci se contemple d'au-dessus. Un frêle pont a été jeté sur le gouffre. De ce pont, on voit deux fiers torrents à la blanche crinière se courir sus du haut des montagnes, se rencontrer à l'origine de la chute, s'y précipiter furieux et tout jaillissants d'écume. Puis, tandis que l'œil plonge avec épouvante dans un chaos d'eaux qui se brisent, de gerbes qui s'élancent, de flots qui bondissent et disparaissent, un sourd et majestueux tumulte s'élève de ces profondeurs; des vapeurs limpides remontées jusqu'à la lumière scintillent aux rayons du soleil, et vont porter aux herbages d'alentour le bienfait d'une éternelle rosée. Nul ne peut assister à ce spectacle de sang-froid; et un homme qui n'aurait jamais reçu l'impression du sublime, c'est là qu'il faudrait l'amener. Du reste, si l'endroit est bien fait pour donner des vertiges, le pont est d'ailleurs étroit, mauvais, tremblant, et l'on payerait de sa vie la moindre maladresse, ou encore la moindre témérité. Aussi M. Topffer invente-t-il tout exprès pour ce pont-là un plan modèle d'opérations. Le guide et lui occupent la tête du pont, M. Moynier, commande à terre et fait garder les rangs; madame T... amène quatre par quatre, et tout se passe sans mal ni douleur, grâce à Dieu.

Après cette expédition, nous quittons la Handeck. Le ciel s'est chargé de lourdes nuées; des gouttes égarées tachettent ci et là les blocs épars, et le vent, exclu des hauteurs, s'est rabattu sur cette vallée de pierres, où il trouve à peine quelques herbes à ployer. C'est là, à notre avis, un très beau temps pour achever la montée du Grimsel. Tant de tristesse et de solitude autour de soi provoque une sorte d'émotion. Cet hospice vers lequel on tend se peint au cœur comme un bienfaisant refuge. L'on se réjouit, une fois abrité, d'y entendre la tempête se déchaîner sur ces déserts, et frapper de tonnerres redoublés ces cimes chauves. En attendant, voici déjà, tout près de nous, des pentes couvertes des rhododendrons qui étalent au souffle du glacier et sous ce ciel ingrat leurs fleurs purpurines. Plus loin, nous franchissons cette petite pleine où, surpris il y a quelques années par la tourmente, nous nous perdîmes de vue, et nous perdîmes aussi le sentier. Enfin, par un escalier taillé dans les rochers, nous nous élevons jusque sur le petit plateau où se cache l'hospice. A peine en avons-nous franchi le seuil, que l'orage éclate et la pluie tombe par torrents.

L'hospice du Grimsel est une maison chétive; il le paraît surtout à ceux qui ont pris au Saint-Bernard leur type d'hospice. Les abords en son boueux, des pourceaux font les honneurs du seuil, et intérieurement tout est d'une simplicité nue et sans confort; mais l'hospitalité (payée d'ailleurs) s'y exerce avec bonne grâce; mouillé, gelé et souffrant, il vaut mieux arriver là que dans tel magnifique hôtel. Le papa Zippach, fermier de l'hospice, est un gros homme qui donne de l'air aux figures d'anciens Suisses que l'on voit dans les almanachs et sur les vitraux : épaisse crinière, large mâchoire, dos conforme, et mollets qui font plaisir à voir. Vogel et Urich en donnent de cette sorte à Tell et aux hommes de Morgarten : mollets gros et musclés, mollets d'un pourtour *cossu*, mollets Farnèse, mollets antiques, rassurants, bonshommes, loyaux, primitifs, bourgmestres; mollets alpestres, assortis à une grande nature, et granitiques suffisamment. Pour nous, nous ne saurions nous ennuyer tout à fait nulle part, si seulement une paire de mollets de cette sorte va, vient, se pose ou se promène autour de nous; ça tient compagnie. Ce papa Zippach nous installe, en allemand, bien entendu, car, comme les montagnards de vraie race, il n'entend que sa langue, et vous lui diriez *oui*, qu'il irait chercher un interprète pour lui traduire la période.

La maison est remplie, surtout la salle à manger, où se tient toute la maison. Notre Alsacien y est, notre marquis aussi ; plus un Français qui a une fluxion, plus un ménage genevois, plus un poète à cheveux pleureurs, plus trois gigues irlandaises qui semblent, comme trois cariatides, porter le plafond sur le dos, plus tout un congrès de géologues, parmi lesquels on remarque MM. Forbes, d'Agassiz et d'autres hommes distingués. Le souper réunit cette foule autour de deux tables, et la couchée l'éparpille dans tous les réduits de la maison, jusque sur les tuiles, où huit des nôtres, croyant aller chercher le sommeil, trouvent la pluie et rêvent trempés.

Les touristes no-no. (page 53)    Le touriste parleur. (page 53)

## SIXIÈME JOURNÉE

Il pleut toujours au Grimsel, les géologues nous l'ont dit. L'hospice étant situé au fond d'un entonnoir formé par de hautes cimes, ces cimes attirent les nuages dans l'entonnoir; ces nuages refoulés font une pluie à noyer les granits, et, à son tour, cette pluie refoule tous les touristes au fond de l'entonnoir, où le papa Zippach, pareil au fourmi-lion, attrape, croque et fait curée.

M. Agassiz seul et un ou deux géologues sont partis au jour; tout le reste, même quelques imperméables, délibère, temporise, déjeune pour voir venir; puis, ne voyant rien venir, prend son parti d'attendre à l'hospice le retour du beau temps. C'est un très joli moment que celui-là, pour nous du moins, qui avons des jarrets à reposer et des impressions à mettre au net; pour le papa Zippach aussi, qui, une fois le filet tombé, compte ses alouettes et donne des ordres pour qu'on les engraisse avant qu'il les saigne. Chacun se fait aussitôt un emploi de ses loisirs : les uns écrivent, les autres dessinent ou feuillettent le livre des étrangers ; plus loin on converse ; l'on fait une partie d'échecs ; là-bas on joue du flageolet. Vers dix heures, le marquis et la marquise se hasardent à partir ; personne ne suit leur exemple, et nos vœux seulement les accompagnent.

Trois des géologues sont restés ; ces messieurs, collaborateurs de M. Agassiz, comptaient se rendre ce matin à leur cabinet d'étude (c'est à trois lieues de l'hospice, sur le glacier de l'Aar, un trou sous une pierre, avec un âtre et deux marmites) ; mais la tempête les a retenus, et bien heureusement pour nous, car les voilà qui nous acueillent amicalement, et qui nous font passer une journée charmante. Jeunes, gais, complaisants et instruits, ils nous expliquent familièrement la vie que l'on mène sur le glacier de l'Aar ; à quelles causes on y fore un puits, profond déjà de soixante pieds ; comme quoi les glaciers ont des puces à eux, tout comme les cuisinières et des chiens barbets ; enfin, comment la neige rouge doit sa couleur à un insecte qui a l'estomac cramoisi. Vite l'on va chercher de l'eau de neige rouge, on monte un microscope, et nous voilà regardant tour à tour, de nos vingt-deux œils droits, des *rotifères* tant que nous voulons. C'est ça une bête curieuse ! Figurer-vous un particulier qui se tient deux roues de moulin en perpétuelle activité aux deux coins de la bouche, rien que pour y faire entrer avec plus d'abondance une eau toujours renouvelée, cette eau se précipite dans le gouffre, entraînant blocs et quartiers, et la voilà qui arrive vers l'estomac cramoisi, où deux meules, placées à l'entrée, vous concassent, vous broies, vous mettent en bouillie tout ce qui se présente. En vérité, nous sommes des animalcules de coton à côté de cette bête broyante ; notre suc gastrique, c'est de l'eau tiède à côté de cette mécanique redoutable qui saisit et met en poudre tout ce qui se montre! On nous fait voir aussi les œufs; ils sont rouges. Est-ce à dire que les enfants de ces bêtes sont tout bonnement de petits estomacs cramoisis, qui, à force de manger, se font croître des têtes, des roues de moulin, et le reste? C'est à savoir. En attendant, nous consignons ici l'hypothèse, comme étant bien notre propriété personnelle à tout jamais.

Quant aux puces, elles sont grosses comme les nôtres à peu près, et velues, pour avoir chaud apparemment. Mais que diable trouvent-elles à sucer chez ces grands lymphatiques? et n'est-ce pas, après tout, un triste sort pour des puces que d'avoir à piquer quelqu'un que ça ne pique pas du tout?... La *Bibliothèque universelle,* dans un des cahiers de cette année, a donné le portrait de ces insectes, et des rotifères aussi, en même temps qu'elle a publié le récit fort intéressant des excursions scientifiques de M. Agassiz dans la vallée de Zermatt et la chaîne du Mont Cervin. L'un de nos trois géologues d'aujourd'hui, M. de Sor, se trouve être l'auteur de ces récits, où l'on trouve çà et là, outre une pointe de joyeuse verve, quelque chose de ce parfum vif et alpin qu'on respire en lisant les pages de de Saussure. Mais pourquoi donc, en dehors du moins de la famille de cet illustre savant, ne voit-on point se perpétuer chez nous cette grande et belle littérature géologique dont il a donné, après ou avec Buffon, les plus beaux modèles? Pourquoi n'avons-nous pas des géologues en quantité? Pourquoi nos jeunes savants abandonnent-ils insensiblement à d'autres cette étude des glaciers dont de Saussure a posé les bases, cette étude de montagnes qui était nôtre il y a quarante ans, et qui ne se fait bien que comme la pratiquent M. Agassiz et ses compagnons, sur les lieux mêmes, dans la société des glaces et des rochers, au milieu des accidents, des rudesses, des sauvages sublimités de la nature que l'on étudie, avec l'entrain que donne l'esprit de découverte, avec l'élévation que communique à l'intelligence la solitude, le silence, le mystère, et ce spectacle majestueux des domaines inaccessibles et glacés où Dieu a caché la source éternellement féconde des fleuves qui décorent, qui abreuvent et qui fertilisent la terre?... Serait-ce que la fatigue, que les intempéries, que les privations, que les dangers même qui accompagnent cette façon d'étudier, en éloignent nos jeunes hommes? Nous ne voulons pas le croire. Au surplus, qu'ils aillent voir comme se portent sur leurs glaciers M. Agassiz et ses compagnons, quelle gaieté les y accompagne, combien de fleurs et de vivacité s'attachent à leurs impressions, quelle amicale et familière simplicité préside à leurs travaux, et ils seront bien vite rassurés. Ah! que ne sommes nous géologue nous-même! Bien sûr, nous serions resté! au milieu d'eux, et, une fois du moins en notre vie, nous aurions frayé, conversé, vécu avec ces magnificences alpestres que nous ne pouvons jamais que saluer en passant.

Au milieu de ces intéressantes distractions, les heures s'écoulent rapidement. Tout à coup, terreur générale! On se lève en sursaut, des chaises tombent, des chapeaux volent, la table est nettoyée en un clin d'œil... un long hurlement succède. C'est l'ouragan qui vient de forcer une des croisées de la salle. Le papa Zippach accourt, on lui prête main-forte, et le navire est sauvé.

Après dîner notre monsieur alsacien se met au piano, et il nous chante une jolie romance, à la fois naïve et comique; puis il passe à des tours amusants. Alors M. André, piqué au jeu, tire de sa contre-poche un récit à crever de rire, et le poète lui-même, le poète à cheveux pleureurs, oublie un instant ses tristesses pour nous faire une scène de ventriloque. Ainsi se passe une journée au Grimsel, quand le temps, assez atroce pour couper court à toute incertitude, force les plus hâtifs à faire séjour de bonne grâce; quand, en outre, la société est nombreuse, excellente, point *no-no,* qu'un mutuel désir de se complaire et de se divertir rapproche les âges, les conditions, et double, quintuple, par cela même, le fonds commun d'agrément et d'amabilité.

Dans la soirée arrive un touriste Robinson. Le touriste Robinson porte une sorte de costume en grosse laine, charpenté à la Crusoé, et calculé en vue d'affronter les ouragans et les cataclysmes. C'est bien pourquoi, si le temps est beau, le touriste Robinson met ses pantoufles, allume un cigare, et reste à l'auberge jusqu'à ce que vienne la tourmente. Alors il s'affuble et part. Celui-ci vient de passer la Furca et le Meyenwand.

Halte à Réalp. (page 70)

## SEPTIÈME JOURNÉE

Ce matin, même temps qu'hier. Il est dix heures ; l'ouragan gronde toujours, en sorte que notre voyage de Venise commence à être compromis si nous sommes retenus plus longtemps au Grimsel, compromis encore si ces tempêtes ont rendu impraticable le passage de la Furca. Au surplus, rien n'agit plus désastreusement sur les dispositions de l'esprit que ces pluies continues, où viennent se noyer bientôt projets, plans, espoir même de temps meilleurs.

Laciaste ogni speranza voi ch'entrate

devrait être aussi l'inscription tracée sur le seuil de cet entonnoir diluvien. Déjà M. Topffer en est à faire de nouveaux devis géographiques tendant à prendre par le Simplon, ou même à ne pas prendre du tout, selon l'occurence.

Pourtant, aux fins d'avancer les choses, il demande le compte au papa Zippach, qui, pour rien au monde, ne veut consentir à le faire. C'est cher; car, dans ces cas-là, de peur de ne pas payer assez, d'ordinaire on paye quelque chose de trop.

Cependant les gens de l'hospice annoncent comme prochain le retour du beau temps, et nos trois géologues, déjà rangés à cette opinion, veulent absolument nous emmener à l'hôtel neuchâtelois pour nous faire les honneurs de leur glacier. Rien ne nous intéressait davantage, mais ce serait grossir notre arriéré. Aussi prenons-nous à regret congé de ces messieurs, qui partent aussitôt pour le glacier de l'Aar, tandis que nous nous dirigeons vers celui du Rhône. En attendant qu'il se soit fait beau, le temps est abominable encore : une pluie serrée, un vent glacé, margouillis en tête et en queue. Le touriste à fluxion monte avec nous : certainement ce n'est pas sur le conseil de son docteur.

Mais bientôt nous voici au sommet du Meyenwand, sur le rebord de l'entonnoir! Plus qu'un saut, et, chose admirable! nous sortons tout à coup de la pluie, comme des canards d'une flaque. Le soleil brille, le soleil chauffe, sèche, ragaillardit; bien plus, nous découvrons là-bas les cimes de la Furca, verdoyantes, illuminées, et point encombrées de neige : alors adieu Simplon, devis, prompt retour, et toutes les horreurs qui, il n'y a pas deux heures de temps, menaçaient notre avenir. Sortis du lugubre entonnoir, l'espérance renaît dans nos cœurs, et nous nous élevons désormais de spirale en spirale vers les domaines de la lumière, le visage au soleil, l'œil sur Venise, qui nous est rendue.

Après avoir dépassé le *lac de la Mort* (c'est une petite mer sombre et glacée où dorment engloutis quelques escadrons autrichiens), nous voilà sur le revers du Meyenwand, en face du glacier du Rhône, qui se déploie tout entier à notre gauche. Encaissé entre le Grimsel et la Furca, ce glacier se présente d'ici comme un amphithéâtre immense, où l'art a ménagé d'innombrables gradins ; et tandis que çà et là de blanches aiguilles, sveltes, percées de jours, figurent de colossales statues majestueusement revêtues de leurs flottantes tuniques, l'éclat argentin des gradins, la diaphane transparence des parois, l'émeraude sombre des vomitoires, donnent l'idée d'une gigantesque magnificence, d'une infinie splendeur. Voilà ce que la fée vous montre, pour peu qu'on la laisse faire ; et c'est plus agréable, en vérité, même pour l'esprit, que ne saurait l'être la hauteur du géant exprimée en mètres, son volume indiqué en pieds cubes, ou même son aspect rédigé en style d'éditeur marchand, dans un itinéraire d'ailleurs exact et fashionable. L'Anglais Martins, qui s'est illustré en exploitant les combinaisons de la perspective au profit des effets de grandeur et d'immensité, devrait, s'il ne l'a pas encore fait, hanter nos glaciers ; il y trouverait, nous n'en doutons pas, de ces illusions frappantes et sublimes tout ensemble, propres entre toutes à féconder un génie qui, comme le sien, est instinctivement porté vers le grandiose et l'apocalyptique.

Parvenus au fond de la vallée du Rhône, nous enjambons le fleuve à sa source, pour nous engager immédiatement dans les pentes de la Furca, cette montagne nue, déserte, d'un caractère sauvage et mélancolique, plutôt que hardi et terrible. Au bout de deux heures, voici bien des neiges, mais anciennes, restes d'avalanches, et, là-haut, le col qui s'ouvre devant nous. De ce col, vue immense, mais nulle part un arbre, nulle part une trace d'habitation ou de culture : l'homme et tout ce qui est de l'homme a disparu pour faire place à une nature stérile, abandonnée, morte, et pourtant attachante à contempler. Volontiers nous y ferions une halte, n'était le froid qui nous chasse ! et la faim qui nous talonne. — Tout d'une traite nous poussons à quatre lieues de là, jusqu'à Réalp, pauvre hameau où s'ouvre, au pied de la Furca, la nue vallée d'Urseren.

A Réalp, il y a un cabaret. M. Topffer, arrivé le dernier, y trouve toute son armée campée devant le seuil, les uns appuyés contre la muraille, les autres couchés sur leurs sacs, tous sombres et hagards de faim et de rongement. En général prudent, et bien que deux lieues seulement nous séparent du souper, il se fait apporter des pains et du fromage, et il distribue à chacun sa ration. Ainsi est conjurée la révolte ; les soldats renaissent, les vétérans revivent, les enfants de troupe commencent à rebougiller : on dirait des marmottes engourdies que visite un chaud soleil de mai. Cependant le village nous regarde faire : les enfants de tout près, les mères et les grands-pères de plus loin. Sur quoi, M. Topffer s'étant fait apporter de nouvelles provisions, une ration est distribuée à chacun des marmots présents, et aussi à chacun des marmots absents, que les mères et grands-pères se hâtent d'envoyer quérir jusque dans les montagnes. Ainsi tout mange dans Réalp, tout y est heureux pour le quart d'heure, et quand nous quittons l'endroit, anciens et enfants nous saluent avec gratitude et bénédictions.

Nous sommes témoins ici d'un phénomène rare et intéressant. C'est un arc-en-ciel d'une extraordinaire largeur, qui, indépendamment de toute pluie visible, et par une soirée parfaitement sereine, s'étend comme une gaze immense devant la gorge et les cimes de l'Oberalp, elles-mêmes toutes resplendissantes, aux rayons du couchant, de pourpre et d'azur. Apparemment quelques fines vapeurs qui montent ou qui descendent à cette heure produisent ce spectacle, dont aucun pinceau ne saurait rendre l'incomparable splendeur. A mesure que nous cheminons, la gaze se dissipe, laissant à découvert des montagnes d'instant en instant plus embrasées à leur sommité, plus bleuâtres et pâlissantes à leur base. Du reste, cette vallée d'Urseren est elle-même remarquable entre les vallées par son caractère d'austère uniformité. De Réalp, qui est à l'une des extrémités, l'on voit briller à l'autre extrémité les blanches murailles d'une petite bourgade : c'est Andermatt. Entre eux deux, rien, absolument rien, qu'une plaine verte et ondulée où gisent, près de Réalp, un misérable couvent de capucins, et plus loin, au pied du Saint-Gothard, une haute et grande tour en ruine.

Au pied de cette tour dont je viens de parler, le sentier rejoint la grande route du Saint-Gothard; de là jusqu'à Andermatt, plus qu'un quart de lieue, mais gare le courant d'air! En effet, ce bout de vallée placé entre le trou d'Ur à gauche, et la gorge du Saint-Gothard à droite, est toujours balayé par un vent froid qui descend à Altorf, ou qui monte vers l'Italie.

Nous voici à Andermatt, et vite, au débotté, plusieurs partent pour aller visiter le trou d'Uri et le pont du Diable, qui sont en dehors de notre itinéraire. A Andermatt, l'hôte est haut de six pieds, chassieux et Piémontais; l'hôtesse est petite, rousse, mal peignée et très bonne femme. Quand son ogre veut nous affamer, elle le trompe pour nous régaler; quand son ogre veut nous écorcher tous et vite, elle l'endort pour nous donner le temps de fuir : absolument comme dans le Petit-Poucet. Et notez encore ceci : quoique nous ayons maintes fois déjà hanté cette auberge, jamais ce grand diable d'hôte ne veut nous reconnaître pour des Poucets qu'il a déjà dévorés, et, à ce compte, nous laisser tranquilles; tandis que la bonne ogresse de tout loin nous sourit, nous fait signe, et tressaille déjà de l'envie de soustraire tant de chair fraîche à la voracité de son époux. Mais quel bonheur pour nous que, de tout temps, les ogres aient été bêtes comme des pots, et les ogresses bonnes comme des marraines!

Avant, pendant et après le souper de ce jour, Vernon

traditionne énormément : toutes les histoires de veillée, tous les contes du pays natal, toutes les ballades d'Anduse et d'Alais, coulent à la file de ses lèvres. D'autre part, Léonidas a mal au cœur, et telle blouse qui a échappé au vermicelle d'Aigle éprouve à Andermatt de bien graves vicissitudes. Heureusement l'ogresse est là qui pourvoit à tout, et au reste.

Les landammans de Truns. (page 80)

## HUITIÈME JOURNÉE

L'ogresse nous fait bien déjeuner, après quoi elle nous met dans le chemin, et nous voilà grimpant l'Oberalp. Le sentier est étroit, ardu ; la vue, celle d'hier absolument ; car cette vallée d'Urseren, de quelque côté qu'on la regarde, ne varie que par son couvent et sa tour, qui se trouvent à gauche au lieu d'être à droite, ou à droite au lieu d'être à gauche. Sur le premier plateau, voici par centaines des vaches qui déjeunent d'herbe tendre, et de toutes parts des sonnettes, les unes claires et argentines, les autres sourdes et graves, qui carillonnent paisiblement. Plusieurs de ces vaches se mettent à nous regarder passer, et parmi elles un énorme taureau qui ferait bien mieux de continuer son repas. Les taureaux ! voilà, lecteur, un des plus réels dangers de nos excursions alpestres. Ils sont ombrageux, nous sommes étourdis, et c'est toujours sur des sommités nues qu'on les rencontre, là où ni arbre ni maison ne vous offrent un abri ou, tout au moins, une position d'où l'on puisse, en cas d'affaire, parlementer avec quelque avantage.

A l'extrémité de ce plateau, nous retrouvons le lac sur la rive duquel nous courûmes un danger d'avalanches en 1839. Ce lac, soulevé alors par l'haleine glacée du vent, est aujourd'hui tranquillement endormi au sein des pentes vertes qui s'y réfléchissent. Toutefois, à l'endroit de l'avalanche, nous passons sur l'amas de neige qu'elle y entretient en toute saison. Il est agréable de revoir les lieux où l'on a tremblé, mais difficile aussi, quand toutes les circonstances ont changé, de se représenter bien pourquoi et de quoi l'on eut peur.

Au de là du lac, nouvelles pentes vertes et un torrent à passer. Le drôle est gros, fier, peu disposé à nous laisser faire. Il nous faut le remonter d'abord, ensuite construire des ponts ; et heureux, même après cela, ceux qui passent à pied sec : la plupart prennent des bains plus ou moins partiels, au grand amusement d'un public cruellement rieur. Ici, comme aux Ormonds-dessous, nous nous demandons s'il est bien vrai que nous soyons sur le chemin de Venise, et nous nous affirmons à nous-mêmes que oui, sans réellement y croire, tant les impressions sont antivénitiennes, tant le monde commence à nous paraître grand, tant les vastes projets, qui sont si aisés à former, deviennent en pratique promptement problématiques et difficilement exécutables. Dès ici, *Voit-on Venise?* sera le refrain usité dans la caravane pour exprimer l'incertitude où nous sommes de voir jamais cette ville de plus en plus lointaine et fabuleuse.

Au delà du torrent, nous faisons halte sur le sommet du col, d'où l'on ne découvre que des pentes vertes : tout ce pays est purement herbager, à peine aussi sauvage que la vallée d'Urseren. Mille petits ruisseaux courent le long de ces pentes ; il est très difficile d'y cheminer posément sans glisser. Aussi nous y lançons-nous à la course ; quelques-uns glissent tout de même, et d'autres aussi qui les regardaient faire. C'est pour arriver plus tôt à l'auberge. L'hôte est aux champs ; vite on va le chercher, et, pendant qu'il ne vient pas, la faim nous contraint à fuir vers d'autres hôtes qui ne soient pas aux champs. Au bout de deux heures nous trouvons notre affaire à Cedruns.

Cedruns, Truns, Dissentis, Tusis, Andeer, noms qui ne ressemblent plus à rien, et tout autant persans, algonkins, ce me semble, qu'allemands, français ou italiens. C'est qu'en effet, nous voici dans le Latium du romonsch, langue étrange, originalement inintelligible, qui, écrite, ressemble aux jurons d'un Espagnol en colère, et, parlée, au baragouin d'un gosier obstrué d'un oignon. Langue intéressante au demeurant, circonscrite à des cantons, dont elle reflète et protège les mœurs ; qui plaît même aux oreilles de ceux qui ne la comprennent pas, par une sorte d'énergique rudesse ; qui, au surplus, a son journal, et une petite littérature de vallée dont nous aimerions fort à pouvoir prendre connaissance ; car, sûrement, cette langue de montagnards, dont les formes antiques consacrées par la seule tradition ont échappé à ce travail d'experts où s'embellissent et s'énervent les nôtres, doit offrir de ces tours pittoresques, vigoureux, ramassés, de ces fleurs de diction dont l'éclat un peu sauvage et le parfum un peu âpre n'en sont que plus agréables pour nos organes blasés. Quoi qu'il en soit, dès ici nos drogmans ne nous servent plus à rien ; David ne peut pas faire passer pour un liard de son italien, et pendant plusieurs jours nous allons être réduits au langage d'action pour tout potage, j'entends pour demander nos potages. C'est très fâcheux dans un pays où le potage manque, le pain aussi, la viande aussi, et où l'on paye très cher, non pas seulement ce que l'on consomme, mais ce qu'on a signifié par gestes que l'on consommerait volontiers. Reichenau et Coire exceptés, ces raretés vont nous persécuter durant tout notre passage au travers des Grisons ; elles cesseront en Valteline pour recommencer dans le Tyrol allemand, et jamais l'histoire de ne pas mourir de faim n'aura joué un rôle aussi grand dans nos voyages. Nous n'avons garde de nous en plaindre. Des vivres un peu rares n'en sont que plus précieux ; la disette engendre la prévoyance ; il est bon d'ailleurs que des gentlemen petits et gros qui n'ont jamais manqué de rien, de leurs yeux voient, de leur estomac apprennent qu'on peut manquer de quelque chose, et qu'un bon appétit n'est pas, comme ils seraient peut-être portés à se l'imaginer, la raison suffisante d'un bon dîner.

A Cedruns, l'on nous indique pour hôtellerie une maisonnette où nous entrons. C'est la cure. Figurez-vous, au sein de cette nature déjà si paisible et dans une chambrette toute dorée des rayons du matin, un vieux curé à cheveux blancs qui fait avec son jeune vicaire une partie de dames : le damier est grossier, la table antique, la bergère séculaire ; tout dans la demeure est d'une propre vétusté, et le seul crucifix, suspendu dans sa niche de bois, brille de l'éclat modeste de quelques pieux ornements. C'est ce charmant tableau que nous venons gâter. Les deux prêtres nous cèdent leur table, et, remettant à une autre fois de terminer la partie, ils laissent nous servir sous leurs yeux un jeune sacristain, qui pèse ou mesure soigneusement chaque pain qu'il nous apporte, chaque ration de vin qu'il nous livre. Tout est rare, cher, mais tout aussi est compté selon les règles d'une scrupuleuse probité, en sorte qu'il n'y a ni à se plaindre ni à marchander.

Au surplus, quel spectacle doux et calme que celui de cette demeure ! On ne peut être témoin de cette simplicité d'existence, de ce cours silencieux et paisible des jours, sans éprouver comme un vif regret d'être entraîné soi-même dans le courant tumultueux de la vie des cités. Surtout, on ne s'avoue pas sans amertume que, cette destinée nous fût-elle offerte, on ne saurait ni l'accepter ni s'y plaire. Et pourtant, que d'ennuis, que de soucis, que de sottes passions ou d'absurdes désirs, que de factices malheurs ignorent ces deux bons curés de Cedruns, qui peuvent ainsi couler les longues heures de la matinée à combiner lentement les coups bien innocents d'une tranquille partie de dames ! Nos divertissements, nos joies, valent-ils donc cette quiétude, ces sombres amusements, ces sereins loisirs ? ou bien, assujettis à la commune loi, ces deux curés nous envisagent-ils à leur tour comme étant mieux partagés qu'ils ne le sont eux-mêmes, et dédaignent-ils, en regard des biens dont ils nous supposent pourvus, ceux que nous leur envions? C'est possible. Pourtant c'est parmi les hommes simples, tels que paraissent l'être ceux-ci, qu'on rencontre d'ordinaire les cœurs paisibles et contents, les philosophes pratiques, très différents des philosophes raisonneurs, et communément bien plus sages.

De Cedruns, nous nous acheminons sur Dissentis, où, en 1839, retenus pendant quarante-huit heures par d'affreuses pluies, nous vécûmes de pain noir et de petits cochons au sucre. On aime à revoir les lieux où l'on a mangé tant de petits cochons au sucre ! aussi entrons-nous à la maison commune. L'hôte a changé, mais la déesse Thémis est toujours là, pendue au plafond de la salle, et le fauteuil de justice aussi, debout sur ses quatre pieds, qui préside à tout ce qui se présente.

Au moment où nous quittons cette maison, voici que du couvent, qui n'en est pas éloigné, se fait entendre un mâle et pieux concert de voix harmonieuses : ce sont les pensionnaires qui chantent sous la direction des Pères. Il est midi, pas un bruit ne trouble le silence de la vallée; le village lui-même est désert, cette musique seule remplit les airs de ces invisibles accents et semble être comme la voix elle-même des bois, des montagnes, des cieux glorifiant leur Créateur. Chacun de nous, demeuré à la place où l'ont surpris ces chants, écoute avec ravissement. Bientôt l'hymne cesse, nous continuons de marcher, et, comme un mélodieux murmure, elle nous accompagne bien des moments encore.

Quand on voyage, le déplacement des impressions, l'interruption des habitudes, font paraître vives et neuves des choses que chez soi l'on aurait peu remarquées peut-être. Mais quand on voyage à pied, cette heureuse disposition s'accroît encore, et les plus simples spectacles deviennent aisément une source d'admiration vive et enthousiaste, de joie forte et expansive surtout. Tandis que déjà la marche électrise, ou que la fatigue fait trouver du prix aux moindres occasions de s'étendre sur le gazon ou de se choisir un ombrage, le simple inattendu (et combien de choses sont inattendues!) provoque bien vite la surprise, qui, au fond, n'est pas distincte de l'impression que fait éprouver la nouveauté. Mais une autre cause, meilleure et plus active, concourt au même résultat : c'est cette liberté, ce bien-être que contracte l'esprit passagèrement nettoyé de soucis, délié de chaînes, et qui, durant les longues heures de marche, s'assainit, s'anime, s'élève, et devient réellement plus propre à goûter avec simplicité le beau et le bon. Plus de ces dédains que le bon ton conseille ou commande, point de ces blâmes mensongers ou de ces fades louanges que dicte la vanité, point de ces préoccupations d'amour-propre ou de fatuité qui empoisonnent presque tous les divertissements de salon et de casino; et, à la place, une naturelle disposition à accueillir le plaisir en quelque degré qu'il s'offre, de quelque côté qu'il se présente, et à l'accueillir comme on fait un hôte généreux, dont la reconnaissance est l'unique, l'aimable salaire. Et voilà pourquoi, lecteur, cette musique de couvent nous paraissait ravissante, bien préférable à des symphonies bien plus belles. Voilà pourquoi tant de choses ordinaires vous sont ici présentées comme admirables : elles le furent réellement pour nous. Voilà pourquoi l'on finit par aimer avec passion une façon de voyager qui semble au premier abord bien sujette à de rudes fatigues et à de dures privations ; pourquoi l'on entrevoit avec tristesse l'heure de quitter ces amusants labeurs et ces privations volontaires. Hélas ! assez d'autres, et sous vos yeux, cherchent sans l'y trouver leur plaisir dans les objets extérieurs, s'imaginant que ce soit à ces objets de réveiller l'admiration dans un cœur blasé, ou la joie dans une âme assoupie. Nous croyons, nous, qu'il faut on contraire apporter aux objets extérieurs le tribut d'un esprit éveillé, joyeux, libre et sain ; alors ils se chargent du reste, et l'on se sépare enchantés les uns des autres.

De Cedruns à Dissentis, nous avons voyagé en compagnie d'un brave homme, qui chassait devant lui une truie pleine. De Dissentis à Truns, le même homme se trouve devant nous, et la même truie ; mais elle n'est plus pleine, et le particulier porte sur son épaule un sac où crient, à chaque fois qu'il éternue, une multitude de nouveau-nés. On lui fait son portrait, et tout est en règle.

Déjà l'avant-garde est à Truns, où David tâche de faire entendre au landamman qui tient l'auberge que nous sommes vingt-deux affamés, et que, s'il n'y prend garde, nous le mangerons, lui et son poulailler. Le landamman répond qu'il y a quatre matelas, et qu'on pourra souper dans *un quart de lieue*. En attendant nous allons visiter, à quelque distance du village, l'antique érable sous lequel, en 1424, les représentants de dix-sept districts de la haute Rhétie prêtèrent le serment de la Ligue grise. Cet arbre vénéré existe encore, mais réduit à une souche tronquée qui supporte un rejeton vigoureux et sain ; on l'a entouré d'une balustrade, et tout auprès s'élève une chapelle qui a été construite en commémoration du serment.

Le *quart de lieue* étant écoulé, nous retournons à notre landamman, véritable ogre, celui-là, tout en bouche et carnassières, mais ogre hypocritement gracieux, doucereurement ladre, tout palpitant à la fois de cauteleuse tendresse et de voracité famélique. Bien sûr, quand il tient une chair fraîche, il doit ne l'étouffer qu'avec des caresses pour la manger les yeux levés au ciel. Heureusement David l'obsède d'exigences, notre nombre lui impose, et contraint qu'il est de songer à notre cuisine bien plus qu'à la sienne, il fait la plus drôle figure du monde.

Le souper est servi dans une chambre basse, où force portraits pendus au clou nous regardent faire. Ce sont des landammans et des landammanes, tous au teint rose, à la bouche grande, à l'air Truns, Romonsch et Cedruns. Notre ogre, illustre rejeton de ces drôles d'ancêtres, n'imagine point déchoir en nous servant à chacun un brouet rare et clair, plus un petit morceau de pain pesé au trébuchet. Arrive pourtant un jambon ; mais sans David, qui a la présence d'esprit de s'en emparer et de le dépecer bien vite, nous n'aurions fait que l'entrevoir. Deux assiettes de cerises cuites ferment ce souper, qui porte notre faim à son comble.

Nous gagnons ensuite nos quatre matelas. Partout, pendus aux clous, landammans, landammanes, Grisons, Grisonnes, ligue et districts.

Laquelle, Monsieur, faut-il prendre ? (page 84)

## NEUVIÈME JOURNÉE

Ce matin encore, brouet clair, pas de pain, un peu d'eau, et le landamman nous invite gracieusement à nous régaler, absolument comme fit à la bonne cigogne maître renard. Après quoi il faut payer. C'est l'heure où le drôle redouble de soins, roucoule de joie, et, d'une seule caresse de sa griffe, fait à la bourse commune une large entaille à la gorge. Nous payons pour nous, nous payons pour notre guide, nous payerions encore, n'était la faim qui nous presse de fuir vers Hanz, où nous espérons déjeuner.

De Truns jusqu'à moitié chemin d'Hanz, on suit la rive droite du Rhin. La route est dès ici praticable pour de petits chariots ; du reste agréable, pittoresque, construite en chaussée le long du fleuve, et faite exprès pour jouer au soliveau. M. Topffer continue de gagner partie sur partie. Peu d'habitants, mais partout de petits cochons qui animent le paysage, barrent le chemin, gazouillent sur la rive, ou font dans les flaques leur toilette du matin. Quand un petit cochon, deux petits cochons, voient venir un touriste, au lieu de s'écarter du chemin pour le laisser passer, ils se mettent invariablement à trotiller devant lui, sans que l'idée leur vienne jamais d'en finir en entrant dans le bois ou en se rangeant dans le fossé ; c'est ce qui est cause que, de Trunz à Hanz, nous avons chacun devant nous deux petits cochons trottants. La chose ne prend fin que lorsque les petits cochons voient à l'opposite un autre touriste venir sur eux ; alors, sollicités par deux forces contraires, la résultante les saisit au tire-bouchon et les tire dans le pré. Telles sont les choses que nous avons pu observer sur les mœurs et usages des petits cochons.

Hanz n'arrive ni ne se montre, et nous commençons véritablement à craindre qu'il n'y ait erreur dans notre devis géographique ; du reste, aucun moyen de nous en assurer, car les petits cochons sont muets, et les gens parlent romonsch. Albin seul trouve en un lieu écarté un curé qui l'apostrophe en quelque chose de latin ; sur quoi, et après y avoir mûrement réfléchi, Albin rétorque quelque chose d'approchant, et l'entretien en reste là. C'est qu'il faut savoir que si nous prononçons notre latin en français, ces curés-là le prononcent en romonsch, en telle sorte que deux latinisants, quelque cicéroniens qu'ils soient, peuvent fort bien se paraître l'un à l'autre un mauvais drôle qui demande en algonkin la bourse ou la vie.

Enfin voici Hanz, joli bourg à cheval sur le Rhin, voici l'auberge, où David s'escrime à faire comprendre que, nourris hier de brouet clair, nous allons expirer si l'on n'y prend garde. L'hôte paraît saisir quelque chose de l'idée, car voici venir un arrosoir de café, trois petits pots de lait, quatre onces de beurre, passablement de pain pesé, et une sorte de kirsmüss couleur de fin grenache, transparence de miel, bouquet d'œillet rare, comme tout ce qui et précieux, ou, plus exactement peut-être, précieux comme tout ce qui est rare. Notre hôte, d'ailleurs, est très bon homme et assez élevé dans l'échelle pour savoir s'honorer de notre appétit.

On charge ici les sacs sur un petit chariot, et sur les sacs on attache Léonidas, qui s'endort immédiatement : c'est sa manière, nous l'avons dit; manière excellente d'ailleurs pour un touriste de son âge, et qui seule lui a permis de faire une excursion si laborieuse sans éprouver le plus petit malaise. Il faut, en vérité, que le proverbe : « Qui dort dîne » soit littéralement vrai, car quelques-uns d'entre nous, Murray entre autres et Léonidas, de nos trente-six dîners, en ont certainement dormi plus de vingt-quatre sans s'en trouver plus mal, et plusieurs, qui n'ont pas essayé, s'en seraient trouvés à merveille peut-être.

La vallée, à mesure que l'on descend, devient de plus en plus belle. Des herbages nus de l'Oberalp, nous nous sommes insensiblement approchés des croupes boisées qui dominent le couvent de Dissentis, puis des champs déjà plus doux et plus fertiles, où l'érable de Truns est le patriarche d'autres érables semés par bouquets sur la lisière des terres ou au milieu des sapins. Au sortir de Truns, la vallée d'Hanz nous paraît riche, populeuse, la végétation plus fruitière; au-delà, nous allons contempler, tout à côté des paysages les plus doux et les plus frais, de profonds et stériles abîmes au fond desquels le Rhin, qui les a creusés, roule en maître ses flots impérieux, et semble un barbare conquérant qui, pour régner toujours, combat et dévaste sans cesse. Puis, sur les pentes crayeuses de ces abîmes, une végétation italienne, des pins au feuillage noir, svelte, aux branchages fauves et tourmentés, de délicats arbustes, ou des festons de lianes flexibles. Certes, ce sont là de riches spectacles, et très différents de ceux que nous ont offerts les vallées bernoises. Ici le paysage est plutôt attachant que grandiose, et, à la place de cette étroite profondeur des vallées de l'Oberland ou du Hasli, ce sont des plateaux ouverts, dont les plans, au lieu de se dresser toujours vers le ciel, fuient souvent vers l'horizon, et donnent parfois au paysage ce délicat attrait des lignes mourantes et lointaines qu'on ne vient pas d'ordinaire chercher en Suisse. Deux heures avant d'arriver à Reichenau, commence une région où un peintre trouverait mille sujets d'étude et des motifs de paysage intéressants et neufs.

Il y a une route qui descend dans ces abîmes dont nous venons de parler, il y en a une autre qui les tourne. Par bonheur, voici, outre un naturel qui porte une scie monstrueuse en façon de parasol, un particulier qui parle français : « Laquelle, Monsieur, faut-il prendre ? — C'est à savoir. L'une est plus longue, mais l'autre est aussi courte. Quand je vais à Coire, moi, je prends celle d'en bas. Je prends aussi celle d'en haut. Vous ferez bien de vous y tenir ; elle est mieux tracée, et l'autre aussi. » C'est tout ce que nous pouvons tirer de cet irrésolu. D'autre part, l'homme à la scie, qui arrive de Reichenau, nous donne d'excellents conseils, mais en romonsch. Nous prenons par en haut.

De Truns à Hanz on compte quatre lieues, des lieues grisonnes ; d'Hanz à Coire on en compte sept. C'est beaucoup. Mais le pays est montueux et accidenté ; le voisinage des abîmes nous rassemble en troupe ; et l'on rit, l'on jase ; une grande guerre s'allume entre Vernon et M Töpffer, en sorte que nous marchons sans nous en apercevoir presque. A Waldhauser cependant, à l'entrée d'un bois, nous faisons halte sous une belle pelouse où une bonne femme nous sert à la ronde un petit vin romonsch qui a un accent furieusement brusque. Pour le boire, on se retient à l'herbe ou aux cheveux de son voisin. Pour payer ce vin, M. Topffer donne cent sous; on lui rend en bluskers une fortune tout entière; les bluskers sont des fractions de centime. « Et que peut-on bien acheter avec un blusker, Madame? — Un verre de schnaps. » Ainsi l'eau-de-vie, ce poison du pauvre, se fait mauvaise, se fait petite pour qu'il puisse, si indigent qu'il soit, en faire un désastreux abus. Dans plusieurs de nos belles vallées, c'est l'eau-de-vie qui décime des populations robustes, c'est l'eau-de-vie qui porte le vice là même où, sans elle, il n'aurait pas d'accès : dans les hameaux écartés, dans les chalets perdus des Alpes.

De cet endroit nous passons tout d'une traite jusqu'à Reichenau, où nous arrivons au coucher du soleil. Deux lieues encore nous séparent de Coire : M. Topffer loue un char qui y portera les éclopés. Reichenau, c'est l'endroit où Louis-Philippe a été maître d'école dans une salle que l'on peut se faire montrer. Aussitôt Vernon se transporte sur les lieux; il frappe, on ouvre. « Je suis Frrrançais, Madame, et, à ce titre, osé-je..., etc. » Vernon entre, examine, prend son temps, puis il rejoint... Mais voilà que sa place d'éclopé est partie avec le char. « Ah! c'est ainsi, dit-il; eh bien! en route! je n'ai pas qu'une jambe!» En vérité, avec du ressort, un peu de belle humeur et un grain de crânerie, tout s'arrange, tout vient à point, et les petites infortunes elles-mêmes, transformées en sujets de rire, ne servent qu'à grossir le sac des jolis souvenirs. Il n'en est pas moins vrai que Coire est situé beaucoup trop loin de Reichenau. Va encore la première heure, mais dès la seconde toutes nos jambes se disloquent, tous nos jarrets se déboîtent, et un inextinguible désir de repos nous sollicite de multiplier de plus en plus de courtes haltes. Enfin, enfin voici la porte, voici la rue, voici l'hôtel, l'escalier, la salle, où chacun tombe sur une chaise, pendant que Vernon s'évanouit. Vite, de l'eau fraîche, du vinaigre, un bon lit... Tout à coup, Vernon ressuscite, fend la foule de ses opérateurs, et s'en vient, radieux et affamé, prendre sa place à table.

Jamais pareilles sueurs... (page 88)

## DIXIÈME JOURNÉE

Coire est une petite ville jolie par sa situation, intéressante par son histoire, sa cathédrale, et par un caractère de simplicité aisée et bourgeoise. Les habitants ont l'air intelligents, industrieux, et point encore aussi gazettisés que ceux de quelques autres capitales de canton. Ainsi l'on n'y voit pas de politiques d'estaminet, pas de parvenus de café, pas de législateurs de restaurant, pas de courtauds faisant, un brûlot à la bouche, la leçon à la diète et les cornes à leur gouvernement. Les marchands de bas y font des bas, les fainéants n'y font rien, les étrangers ne s'en mêlent pas, et les choses n'en vont pas plus mal. On n'y voit pas non plus, alors que le pays prospère sous une administration régulière et débonnaire, des pères de famille s'associer, des publicistes s'improviser tout exprès pour démontrer que cette rusée cache sous sa robe de bonne femme une multitude d'engins destinés à empêcher les citoyens d'élire, les quais d'être alignés au cordeau, les horlogers de vendre des montres, les pauvres d'être riches et les avocats d'être landammans.

Voilà ce que nous observons à Coire, hâtivement, il est vrai; moitié de notre lit, en faisant, à cause des fatigues d'hier, la grasse matinée; moitié du pavé de la rue, en allant, à cause des famines de la veille, nous pourvoir, chez le charcutier du coin, d'un saucisson de sûreté. Que ne pouvons-nous acquérir le fonds tout entier de ce brave homme! nos estomac le voudraient, mais nos épaules s'y refusent.

Vers dix heures on part; la chaleur est étouffante, concentrée, comme sont, quand elles s'y mettent, les chaleurs des vallées; puis une rampe se présente qui coupe les zigzags de la route : aussitôt de nous y engager. Jamais, de mémoire de rampe, pareilles sueurs. Arrivés au sommet, nous voilà fondus, évaporés, et nos blouses, nos chapeaux, nos figures en pleine lessive. Nous nous dirigeons sur la haute Engadine, par le passage du mont Julier, que nous franchirons demain. La route s'élève insensiblement, et nous allons perdre de nouveau, par degrés, cette vive et belle végétation que nous venons de retrouver dans la vallée du Rhin. Tant mieux : c'est cette continuelle variété d'impressions, ce sont ces changements quotidiens de scènes et presque de saisons qui font l'agrément principal des excursions alpestres. Aujourd'hui des neiges, demain des figues.

En attendant, nous traversons de gros villages qui ont l'air savoyard par leur nue pauvreté, et suisse aussi par leur bonne tenue et une excellente économie municipale.

Au sortir du village, nous sommes abordés par le médecin de ce district. C'est un jeune homme de bon air, qui s'adresse en latin à M. Topffer, et la conversation s'engage. Ces messieurs, très cicéroniens sûrement, ne laissent pas que de parler *affectiones rhumatismales et iuflammatoriæ,* qui sont, ces dernières du moins, le désastreux effet des *potus spirituosi.* Le cardinal de Bempo, nous n'en doutons pas, aurait dit autrement, lui qui, par fanatisme de belle latinité, appelait le Grand-Seigneur *rex Thracum ;* après tout, bonne chose : quand on fait tant que de se parler, c'est assurément de s'entendre.

Insensiblement nous avons atteint le plateau supérieur de la montagne que nous gravissons depuis Coire. Ce plateau, qui s'étend au loin dans tous les sens, nous masque le fond des vallées, tandis que de lointaines cimes dépassent seules le vaste et uniforme pourtour de l'immense plaine. Ce genre de vue, peu fait à la vérité pour arrêter le peintre, offre au voyageur un attrait de grandeur et de nouveauté. Plus petit, plus perdu encore au milieu de cette rase solitude, mais affranchi en même temps temps du gênant voisinage des hauteurs, il marche comme vivifié et rafraîchi par ce surcroît désiré d'air et d'espace. Mais c'est quand nous avons atteint l'extrémité du plateau que s'ouvre devant nous une de ces vues dont l'auguste magnificence resplendit longtemps encore dans le souvenir. Au-dessous de nous, aussi bas que l'œil peut plonger, c'est un réseau de profondeurs crevassées au fond desquelles courent de nombreux torrents, dont le fracas s'éteint dans les airs bien longtemps avant de nous arriver ; ces eaux baignent la base d'un entassement de croupes verdoyantes, séparées les unes des autres par des ravins sombres et boisés ; puis, au-dessus, des parois de rochers, ici festonnées de forêts, là nues et grises, supportent un autre amphithéâtre de cimes dentelées. Et tandis qu'en cet instant même le trouble, l'obscurité, les vents, la foudre, règnent dans le haut des airs et assiègent les sommités, le soleil, lançant obliquement ses rayons au travers d'une gorge profonde, s'en vient dorer au milieu de leurs fraîches prairies le petit hameau de Couters, le rocher de Teufelcastel et le bourg de Lenz, où nous allons entrer.

Un char nous accompagne, qui porte nos sacs et deux écloppés. Arrivé au bourg, le cheval sent l'écurie et se lance dans la pente. C'est justement cet instant-là que choisit le cocher pour se commander une paire de souliers. Il fait signe, un pauvre vieux savetier accourt, évite la roue, attrape le pied, prend mesure au galop, pendant que l'automédon fouette la bête, fouette les mouches, fouette le savetier, tout en lui expliquant tranquillement ses cors et ses oignons. Et cela bonnement, sans mauvaise intention, exactement à la façon des grands, que leur condition expose à être inhumains à leur insu, ou insolents sans s'en douter. Au fond, qu'est-ce qu'un page, qu'est-ce qu'un prince à côté d'un maître cocher? Je ne sache que le courrier d'un comte russe ou d'une famille *no-no* qui soit plus prince, qui soit plus page qu'un maître cocher.

Buvette à Lenz. L'hôte est là qui, une plume à la bouche, un long papier devant lui, compute et suppute en partie double toutes les doses pesées que nous livrent les femmes. *Atrocissimus,* dit Tacite, *veteranorum clamor oriebatur,* ce qui signifie que les cris « du pain! du fromage! du fromage! du pain! » hurlés en cadence avec un accent de famine et de désespoir, finissent par épouvanter ces femmes, par subjuguer cet homme... Tous apportent avec douleur et tremblement ce qu'ils ont de vivres; tous donnent, jettent, prodiguent, comme si le monde allait finir dans une demi-heure. Nous éprouvons quelque soulagement.

On paye cher et l'on repart vite. En ce moment passe devant le seuil de l'auberge un paysan qui vient de gravir les pentes que nous allons descendre; le brave homme, harassé et couvert de sueur, s'approche d'une fontaine, saisit le goulot... « Hé! holà! hé!... » lui crie-t-on. Il lâche le goulot et regarde. Puis il saisit de nouveau le goulot. « Hé! holà! hé!... » Cette fois, sans y rien comprendre d'ailleurs, il s'abstient tout de bon. Alors on lui montre une chopine, on la lui paye, et il comprend du premier coup qu'il faut la boire.

De Lenz, il s'agit de descendre jusqu'au plus bas de ces profondeurs crevassées dont nous parlions tout à l'heure. Alors, laissant le chariot serpenter au loin sur les circuits sans fin de la route, nous coupons en courant au travers des prairies, et en moins de quarantes minutes nous voici au fond de l'abîme, tout pleins d'ardeur pour remonter les pentes opposées, sur lesquelles, des hauteurs, nous avons eu soin de marquer d'admirables spéculations à faire. Durant une petite halte, M. Topffer dessine le rocher de Teufelcastel et son église séculaire ; tandis que de Bar, pour mieux boire, tombe dans la fontaine du village, au grand amusement de tous les Romonsch présents. Après quoi, en route! Toutes nos spéculations réussissent. Les croupes sont promptement escaladées ; voici les parois de rochers dont on longe la base en s'enfonçant dans une gorge sombre. Le vent, qui balaye éternellement ce passage, balaye par la même occasion le chapeau de Murray. Murray, d'abord stupéfait de cette brusque spoliation, contemple avec amertume son couvre-chef qui tournoie dans les airs, s'amincit comme un météore, et finit par disparaître dans les ténèbres du gouffre. Provisoirement on lui impose un bonnet de coton.

On rencontre de temps en temps dans les vallées des Grisons, non pas des pendus précisément, mais des potences, qui, élevées sur des tertres stériles à droite ou à gauche du chemin, ne laissent pas que d'assombrir un peu l'imagination du passant. Nous en voyons deux aujourd'hui ; la seconde se montre à l'heure du crépuscule et prédispose aux contes noirs. Vernon traditionne, M. Topffer aussi et d'autres. Point de lune, du reste, et à la place une route incertaine, des marécages de ci, des bois de là; plus loin des roches douteuses, des creux indistincts, tout ce cortège enfin de petits et de gros fantômes dont l'imagination peuple si volontiers les ténèbres. Vernon déjà ne traditionne plus, ni M. Topffer, ni d'autres, et le bruit cadencé de nos pas nous sert d'entretien suffisant, lorsque, tout à coup, voici venir une troupe de brigands excessivement féroces!... C'est David qui vient nous apprendre qu'arrivés à Mullinen, il ne nous reste plus qu'à entrer à l'auberge où déjà s'aune notre soupe et se pèsent nos rations.

Pâtres occupés et Messieurs fainéants. (page 99)

## ONZIÈME JOURNÉE

Ce matin nous déjenons de lait de chèvre : c'est très agreste. Aussi, n'était la nature du pays et le remonsch de nos hôtes, nous pourrions nous croire chez ces chevriers de la Sierra-Morena que don Quichotte, à propos de glands, régala d'un éloquent discours, tout rempli de folie et tout aimable de sagesse. Et, à propos de Don Quichotte, vous arrive-t-il comme à nous, lecteur, quand ce digne homme se livre ainsi à la poétique effusion de sentiments et de pensées qui n'ont réellement de fou que leur noblesse et leur générosité même, de vous demander : « Est-ce lui qui est fou, est-ce moi ? » Vous arrive-t-il d'avoir honte, d'avoir regret de vous trouver plus sage que don Quichotte ? Vous arrive-t-il enfin de chérir dans ce personnage le bon cœur de Cervantes, son humanité, sa haute raison, et de considérer son héros tout aussi souvent comme un aimable exemple de droiture, de chaste passion, d'enthousiaste amour pour la justice et pour la vertu, que comme un risible exemple des travers et des dangers de l'esprit de la chevalerie?

La chevalerie... Ah! Cervantes, Cervantes, si de votre temps elle n'eût été, m'assure-t-on, déjà morte, je ne vous pardonnerais pas de l'avoir tuée! Chose grande, en effet, que celle qui, sapée avec tant de puissance par un si vigoureux génie, conserve, écroulée, cette inaltérable majesté des augustes décombres! Chose rare que celle dont la beauté, survivant au poison du ridicule, attache, captive, se fait chérir jusque dans celui-là même qui est destiné à en être la charge bouffonne! Car ce fou, n'est-ce pas lecteur? s'il s'empare de votre affection et de votre estime tout aussi irrésistiblement qu'il excite votre rire, c'est que tous ses sentiments témoignent de cette abnégation, de ce dévouement, de ce généreux courage, de cette élévation morale, qui furent les attributs mêmes de la chevalerie; c'est qu'un pareil homme, avec bien moins de raison que le sage, a néanmoins plus de grandeur; avec bien moins de règle, plus de bonté; avec beaucoup d'extravagance, infiniment plus d'attrait et de charme.

Au surplus, il y aura toujours de par le monde quelques don Quichottes; il y aura toujours d'obscurs martyrs d'une bonté gauche, d'une probité maladroite, d'une trop transparente ingénuité; de belles âmes dupes de leurs illusions généreuses, des êtres excellents qui, pour prix de leurs douces et affectueuses vertus, n'attraperont que brutalités et horions. N'en connaissez-vous point, lecteur? Moi j'en connais et j'en vénère : ils sont fous, mais l'élite encore de l'espèce humaine.

Non loin de Mullinen, nous croisons une sorte de vieillard crétin, chevelu, barbu, couvert de haillons, qui chemine en compagnie de sa vache. La vache continue de cheminer, mais le crétin s'arrête, regarde à nos visages, à notre air, à notre ombre, et le voilà qui se livre à une joie que nous portons à son huitième comble, rien qu'en faisant pleuvoir dans ses grandes mains calleuses les bluskers infinis qui encombrent et salissent nos poches. Autant de petits verres de schnaps peut-être que nous débitons là! Mais qu'y faire? et si, crainte de schnaps, il fallait s'abstenir de répandre sur son chemin de pareilles félicités, les voyages, ma foi, y perdraient leur bouquet. Partout, mais surtout dans ces pauvres contrées, on rencontre, non pas des fainéants qui mendient, mais des laborieux qui, assis sur une pierre, transis au coin d'un bois, ou marchant à la queue de leur troupeau, ne fument, ni ne prisent, ni ne boivent, si ce n'est aux claires fontaines. Le moyen alors de ne pas surprendre ces bonnes gens par la délicieuse aubaine d'une pincée de bluskers! sans compter que, si c'est magnifique, c'est pas cher, comme dit le proverbe. Au surplus, notre crétin d'aujourd'hui, faute d'une poche à son habit, serre toute sa fortune dans le creux de sa main, preuve qu'il n'est pas un mendiant. Le mendiant, en effet, a toujours une poche, et de toutes les parties de son vêtement, c'est la seule qui ne soit pas trouée.

Ce que nous gravissons aujourd'hui, c'est le mont Julier, qui ne se trouve point être de près ce que nous nous étions figuré de loin, un mont hardi, escarpé, dont la cime altière porte deux gigantesques colonnes que Jules César en personne aurait fait dresser, pour y être à la fois, et au travers des siècles, des fanaux au milieu des glaces, et un immortel monument de son passage. Le mont Julier est un col désert, où conduit une pente longue, mais douce et sans escarpements. De frais pâturages bordent la route, et près du sommet seulement, des moraines de rocs entassés forment comme de stériles promontoires qui barrent le passage. Tantôt on escalade ces moraines, tantôt on en double les sinuosités. C'est dans le coin le plus abandonné de ces sauvages solitudes que nous trouvons cinq ou six hommes qui jouent au palet. Quelles figures, grand Dieu! Absolument des bandits affamés qui jouent la bourse et la vie du premier passant qui se présentera sur le seuil de leur repaire. Nous hâtons le pas, et voici tout à l'heure le sommet du col; deux tronçons de granit, de la forme et de la hauteur d'une borne militaire, s'y dressent des deux côtés de la route : ce sont là ces fameuses colonnes Juliennes dont nous nous entretenons depuis deux jours. D'Arbely s'assied sans façon sur l'une des deux ; les autres se font de la seconde un âtre pour leur feu, et tout s'en va en fumée. Mais donnez-vous un peu la peine de vous représenter la figure d'un touriste qui aurait compté sur cette merveille-là pour le menu de sa journée ! Quelle humeur de chien, quelle recrudescence de spleen, quelle indignation contre son itinéraire, contre son guide, son chien, son épouse, contre Jules César, contre l'histoire romaine! Presque toutes les grandes curiosités et toutes les merveilles sans exception, lecteur, exhalent de près cette même odeur de mystification.

Une ondée nous surprend sur ce sol sans abri, mais le vent travaille si bien que le soleil reparaît bientôt et illumine de toutes parts les herbes chargées de limpides gouttelettes. C'est dans ce moment qu'au-dessous de nous les nuées se déchirent et laissent voir, derrière un rideau de pins, une longue suite de lacs, dont les rives, nulle part bien distantes, tantôt se rapprochent, tantôt semblent se fuir, ici doucement inclinées, ailleurs abruptes et couronnées de bois. Rien de si calme, rien de si doux à contempler ; on dirait une neuve contrée, où brillent de leur intact et primitif éclat le vif azur des cieux et la fraîche verdure des prairies. C'est la vallée de Selva-Piana, au plus haut de la haute Engadine, que nous avons sous les yeux, et c'est l'Inn qui verse ses eaux dans cette succession de réservoirs élégamment découpés.

Nous entrons dans le bois de pins. Ces arbres annoncent déjà le voisinage l'Italie ; tout au moins ils signalent toujours dans nos Alpes le revers qui fait face à cette contrée. D'une verdure aussi sombre que celle de nos sapins, mais plus rousse et plus jaunie, ils lancent régulièrement leurs rameaux tourmentés, et projettent sur le penchant du mont une ombre impénétrable. Mais si c'est d'en haut qu'on les voit se détacher sur cette teinte foncée d'aigue-marine qui est propre aux lacs profondément encaissés, la vive beauté de ce coloris flatte l'œil au plus haut degré, et porte à l'âme comme une impression de fraîcheur éthérée, d'incomparable pureté. Au reste, c'est ici le caractère des paysages de sommités. Tous les tons y sont d'une franche vigueur, d'une vierge transparence; on n'y observe jamais ces vapeurs qui, dans les plaines, rompent l'éclat des teintes et leur donnent cette terne douceur que nous appelons trop exclusivement harmonie, sans songer que, dans la nature, il n'y a pas de paysage exclusivement harmonieux. Les Alpes offrent à chaque pas des sites dans lesquels, à l'éclat, à la vivacité, à la crudité même des teintes les plus diverses, s'allie le charme puissant d'une frappante harmonie. Par malheur, c'est la vaporeuse Italie, c'est la Flandre brumeuse, qui ont produit les maîtres du paysage ; c'est d'après les ordres de ces maîtres qu'a été formulée la théorie du genre ; et de là, chez l'artiste, chez le public, des préjugés traditionnels qui s'opposent encore à ce que d'autres contrées d'un caractère tout différent paraissent dignes d'être prises pour sujets d'étude, ou pour modèles de paysage. La théorie ne s'y adaptant pas, le paysagiste ne s'y croit pas en bon lieu. Il admire, il est frappé, il est ému ; mais sa langue apprise étant impropre à dire ces beautés-là, il a plus tôt fait de les considérer comme étrangères à l'art que de se créer une langue qui les exprime. « Quoi ! se dit-il, voici des lignes brisées, heurtées, voici des tons crus, ardents criards : voici toute ma perspective aérienne sans usage sur ces sommités sans vapeurs, où la cime la plus éloignée est aussi nettement distincte que le bloc le plus prochain ! » C'est vrai ; mais que prouve tout cela, sinon ceci seulement, qu'avec une palette italienne ou flamande on ne fait pas une scène alpestre, tout comme avec des unités on ne fait pas du drame, tout comme avec une recette pour le poisson on apprête mal un civet de lièvre ou un pâté de perdreaux ?

Ce qu'il y a de certain, c'est qu'au sortir de ce joli bois il y a une auberge où M. Topffer trouve toute sa bande en train déjà d'avoir mangé, sans autre avis de sa part, toutes les omelettes de la contrée et tous les petits pains de l'Engadine. D'abord un peu surpris de l'illégalité de la chose, on lui explique comme quoi ; alors il se met de la partie. Cette auberge est proprette, riante, agréablement posée entre le bois et le lac, et l'hôte parle français. Bien vite on lui intente de vingt-deux parts toutes les questions auxquelles il a été impossible de donner cours en pays romonch, et il s'ensuit un charivari de propos tout semblable à celui que durent produire ces paroles dont Rabelais nous conte que, gelées depuis trois jours, elles se mirent, au prochain soleil, à dégeler toutes à la fois. C'étaient des jurons de matelots qui dégelèrent sur un nauf portant nonnes. N'est-ce point là que Gresset a pris la première idée de son chef-d'œuvre ?

Après nous avoir régalés, cet hôte nous fait la conduite. Mais voici qu'au sortir de l'auberge, et tout au milieu des décombres de cinq maisons récemment brûlées, apparaît une dame à la fois triste et parée, qui fouille la cendre et remue les solives. Singulière apparition, mélange par trop romantique de destruction, de larmes et d'habits de fête ! Hélas ! c'est ici la réalité qui a été romantique. Cette pauvre dame était de noce quand le feu dévora sa maison, son lit, ses robes, ne lui laissant pour se couvrir que cette parure qu'elle porte à cette heure !

Nous voulons, avant d'arriver à Saint-Moritz, notre étape de ce soir, visiter la source minérale qui fait affluer dans ce petit bourg tous les malingres de la Rhétie et de la Valteline. A cet effet, nous allons passer l'Inn à l'embouchure des lacs, et, après avoir pris congé de notre hôte et de son beau vallon, nous nous enfonçons dans des bois dont la sévérité contraste tristement presque avec les gracieuses scènes que nous venons de quitter. Çà et là quelques clairières, où le sol est tout bosselé de rocs moussus : partout une vive fraîcheur de teintes. La source jaillit de terre au sortir de ce bois, dans une prairie ouverte et sous l'abri d'une grande maison blanche, où nous ne manquons pas d'entrer. Tout aussitôt des femmes nous puisent des verres d'eau à discrétion, et nous nous régalons à qui mieux mieux d'une sorte d'eau de Seltz, glacée, piquante, salutaire sans doute aux malingres, mais en tout cas impayable pour des altérés.

De la source au bourg il y a un quart d'heure de marche. Saint-Moritz est une petite bourgade composée d'étables et de cafés-billards, où des baigneurs barbus tuent le temps, un de ces endroits qui doivent au séjour momentané des malingres un peu de fausse vie, beaucoup d'odeur de cigare, et ce grotesque mélange de pâtres occupés et de messieurs fainéants, de liquoristes et de faiseurs de fromages, de laitage et de carambole. On nous reçoit dans une salle de billard ; on nous y loge dans un café ; on nous y sert, dans la salle d'une maison voisine, au milieu d'un ordinaire à crever de rire, deux biscuits monstres et une salade de jardin.

Le naturel et sa vache. (page 104)

## DOUZIÈME JOURNÉE

Nous voici à Saint-Moritz. Il s'agit maintenant d'escalader les pentes du Val Biola pour redescendre sur Bormio, où, sur la foi des itinéraires, nous comptons coucher ce soir. Par malheur, personne ne sait ici de quoi nous voulons parler avec notre Val Biola, et les guides nous offrent de nous conduire partout ailleurs que là où nous nous étions proposé d'aller. Il faut bien à la fin accepter leurs offres, et, plutôt que de s'engager dans un passage inconnu ou peu fréquenté, M. Topffer se décide à passer le Bernina pour entrer dans la Valteline, et de là remonter l'Adda jusqu'à Bormio. Deux jours au lieu d'un. De plus en plus nous nous demandons : « Voit-on Venise ? »

Ce n'est pas tout. Voici que dans cet entonnoir engadin la pluie tombe aussi par torrents, et qu'au réveil nous sommes salués par un bruit de grandes eaux où se noient de nouveau nos projets et presque nos espérances. Il ne sert de rien de s'en affliger. Vite les arts de la paix : lettres, dessin, billard, et des légions de baigneurs barbus qui, la pipe à la bouche, nous regardent faire. Mais vers neuf heures, comme nous sommes à déjeuner, tout d'un coup la salle s'illumine : c'est un rayon de soleil ! Vite alors, projets, espérances, reluisent d'un éclat soudain ; on voit Venise, tout au moins on s'y achemine.

C'est aujourd'hui dimanche. Pâtres et baigneurs sont vêtus de frais ; des hameaux éloignés les cloches se répondent ; la prairie elle-même, tout à l'heure triste et blafarde, s'habille de brillante verdure, et les petits oiseaux ont repris leurs jeux. Que c'est doux, attrayant, de voyager à cette heure, sous le charme de ces impressions, et échappés que nous sommes de cette prison enfumée, où un ciel jaloux menaçait de nous claquemurer ! Aussi l'on marche avec une allègre vigueur ; l'entretien naît, s'anime, s'étend, et nous voici en train déjà de traiter au pas de course toutes les grandes questions : la politique européenne, le jury, la presse et aussi le journalisme, cette invention qui livre la tribune du monde à tous les hommes de talent, de lumières, de principes, et en même temps à tous les quidams, à tous les ambitieux et à tous les brouillons. A deux lieues de Saint-Moritz, dans une contrée déjà tout italienne, nous traversons le joli hameau de Pontresina, bien surpris de trouver là une église et des protestants endimanchés qui sortent du prêche ni plus ni moins que nos nos gens de Chêne ou de Coligny. A vrai dire, ces petits nids de protestantisme, épars dans cette catholique contrée, ont l'air d'avoir été lancés jusque-là par quelque vent d'orage, et l'on n'échappe pas à cette sorte d'étonnement qu'éprouvent les voyageurs qui visitent l'Abyssinie : ils trouvent là des noirs qui se gorgent de viande crue, et ils ne savent trop s'ils ont devant eux des cannibales ou des coreligionaires.

Au delà de Pontresina on commence à monter les premières pentes du Bernina. Tout ici s'appelle Bernina : ces glaciers, ces aiguilles, ce vallon où nous sommes, ces trois maisons assises sur le premier plateau, dernières habitations que nous rencontrons sur ce revers. Nous entrons dans celle qui porte enseigne. On n'y trouve ni pain ni beurre, mais soixante-deux biscottes, qui disparaissent bien vite. Les biscottes sont des espèces de brioches douceâtres, très bonnes en vérité, mais qu'on ne s'attend guère à trouver si haut au-dessus de la mer. Du reste, nos hôtes se trouvent être des rechignés, qui nous louent de mauvaise grâce un mulet rétif, conduit par un manant brutal. Ce manant a la prétention de n'être pas faquin, *facchino;* en conséquence, il se refuse à charger même du plus petit de nos sacs ses énormes épaules. Nous lui soutenons, nous, qu'il est faquin, mais faquin mal complaisant, ce qui n'est, après tout, qu'une variété de l'espèce.

Comme hier une ondée, et comme hier aussi un prompt retour du soleil. A mesure que nous nous élevons, la contrée s'empreint de grandeur, de majesté, et insensiblement ce passage du Bernina prend rang à nos yeux parmi les plus remarquables que nous ayons encore franchis. A gauche, des Val Biola tant qu'on en veut; à droite, une paroi de rochers flanquée d'imposants contreforts. crénelée d'aiguilles sans nombre, et des glaces qui, s'échappant par toutes les échancrures, descendent, s'échelonnent, et, tantôt rencontrant le vide à mi-hauteur, s'y détachent par blocs et tombent en avalanches, tantôt encaissés dans une étroite crevasse, atteignent aux pentes douces, s'y déploient, et viennent appuyer leurs dernières assises jusque sur le plateau que traversent nos microscopiques personnes. Ce spectacle se répète, plus sévère encore, dans les eaux sombres d'une multitude de lacs qui, dentelés de mornes promontoires, barrés de presqu'îles de pierre, se succèdent à perte de vue le long du plateau, et font ressortir, par la tranquille harmonie de leurs lignes basses et fuyantes, le tumultueux chaos, l'irrégulière audace des parois abruptes au sein desquelles dorment leurs ondes. Du reste, ni arbre ni chalet en vue ; à peine un chemin, et des torrents vomis par les glaciers, qui courent bruyamment se taire dans les anses prochaines Un de ces torrents nous oppose de sérieux obstacles. Trop fougueux et trop profond à sa source pour que nous puissions l'y franchir, il se divise plus bas en rameaux innombrables, moins profonds à la vérité, mais trop larges encore. Les plus hauts fendus sautent d'îlot en îlot, et arrivent ainsi sur la rive opposée, tandis que notre faquin fait de sa bête un pont marchant pour les autres. Arrivés à l'extrémité du plateau, nous y croisons deux jeunes hommes, grands, beaux, silencieux, qui montent lentement, le manteau rejeté sur l'épaule. Ce sont des pâtres bergamasques qui se rendent sur les hauteurs pour visiter les troupeaux qu'ils y ont conduits au commencement de l'été. Rien de plus pittoresque, rien de mieux en accord avec cette nature qui nous entoure que ces deux belles figures, symboles de simplicité et de vigueur, de mâle fierté et de sauvage mélancolie.

Mais à peine avons-nous atteint le revers du Bernina que ce sont bien d'autres merveilles encore. Voici déjà les mélèzes, une riche verdure ; sur la droite, une tonnante avalanche qui tombe avec fracas des cimes mêmes du glacier ; puis, tout au loin, tout au bas, au delà de coupes fuyantes dont le regard rase les sommités, une scintillante bourgade, des rives fleuries, un lac éclatant, des champs dorés, le doux sourire d'un soleil plein de sérénité : c'est la petite vallée de Poschiavo. Une halte est commandée pour jouir de ce spectacle. Mais en cet instant passe un naturel somnolent, qui marche où va sa vache, dont il serre la queue dans sa main. Il y a dans ce naturel tant

d'innocente bêtise, tant de machinale quiétude, de risible
naïveté, que ce spectacle nous distrait de l'autre. On se le
figure cheminant ainsi de Pontresina à Poschiavo, seul,
sans regard, sans parole, sans idée, et accomplissant,
cette queue en main, son petit bonhomme de mouvement
diurne, tout aussi incognito que les astres perdus qui
tournoient dans le cinquième ciel.

Plus loin, c'est un particulier de Poschiavo qui nous
accoste. Un parapluie sous le bras, il descend d'une alpe
où il a été visiter sa jument, jolie bête, dit-il, quinteuse
un peu, mais sage d'ailleurs, et qui ne s'emporte que quand
elle a peur. A son air, comme à ses propos, on voit bien
que, petit rentier municipal, gros de l'endroit, jouissant
d'un parapluie et d'un mouchoir de poche, ce mortel-là
est aussi l'un de ces obscurs heureux auxquels, si nous
étions sages, nous porterions envie. C'est lui qui nous
annonce que, si nous allons à Brusio ce soir, nous loge-
rons chez le père Trippo, pas quinteux, mais sourd comme
une borne et honnête comme un ancien. Brave homme,
le père Trippo ; la mère Trippo aussi, et, de père en fils,
tous les Trippo pareillement. Et puis, voulez-vous être
bien, allez chez les Trippo ! de père en fils on y est
mieux !

Poschiavo, sur la frontière de la Valteline, est un bourg
mixte. M. Topffer veut savoir si les deux cultes y vivent
bien ensemble. « C'est selon, vous m'entendez bien. Quand
on excite les chèvres, elles se cornent. Que les bergers le
veuillent, les troupeaux se mêleront, et chacun en aura
plus d'herbe. Excusez, je m'arrête ici pour boire une chopine. » Là-dessus notre particulier, qui craint apparemment de s'être compromis, entre au cabaret. Après une
heure de descente, nous faisons notre entrée à Poschiavo.
C'est dimanche ; ouailles et curés sont sur la place ; cette
foule nous entoure, nous presse, nous regarde aussi

avidement que si nous étions le capitaine Cook, et Banks et Solander, les inséparables.

Assis sur la grande place de Poschiavo comme parti de conscrits qui rejoignent, nous y attendons que David ait trouvé quelque chariot à louer, pour y charger nos sacs et deux éclopés. Par malheur, un petit aubergiste joufflu, qui se propose de souffler au père Trippo sa proie, ourdit, toutes sortes d'intrigues, aux fins que la nuit tombe avant que nous ayons trouvé notre affaire. Selon ces gens, le père Trippo ne vaut rien, ni son auberge ; et notre particulier de tout à l'heure, qui vient à passer dans ce moment, au lieu de protester de toute sa force, ne fait pas mine seulement de nous reconnaître, mais s'éclipse tout doucement avec la cauteleuse prudence d'un petit gros de l'endroit qui estime s'être gravement compromis. A la fin, David attrape un char et ne le lâche plus. En route alors, et nous sortons gaiement de la ville. Mais à peine sommes-nous dans les champs, que voici, des deux côtés de la vallée, hommes, enfants, fillettes, qui quittent les hauteurs, coupent par les prés, gambadent à l'envi, et viennent s'aligner le long de la route comme pour voir passer le roi, la reine et la cour.

A la tombée de la nuit, nous atteignons la rive de ce joli lac que, des hauteurs du Bernina, nous avons vu resplendir. Est-ce bien le même? A cette heure, il est froid, sévère, mystérieux ; la rive opposée, bien que prochaine, se perd derrière les voiles assombris du crépuscule : on dirait la réalité qui désenchante les illusions du cœur, ou encore cet avenir que nous atteignons chaque jour, et qui chaque jour déçoit les rêves du passé. Mais ces réflexions philosophiques échappent complètement à Sorbières, qui, pour s'être trop régalé de pêches de Poschiavo, s'attarde, se laisse perdre de vue, puis se remet au galop pour nous apporter lui-même la nouvelle de sa guérison en même temps que celle de sa maladie.

Le vallon est désert, les ténèbres sont épaisses, nous marchons serrés les uns contre les autres, lorsque quelque chose tantôt se met à chuchoter derrière nous, tantôt nous coudoie avec rudesse. Plus loin, ce quelque chose prend la forme de quatre hommes qui nous arrêtent, et qui déjà portent la main sur nous, lorsque le père Trippo paraît sur son seuil, une lumière à la main. A nous alors d'arrêter nos brigands et de les dénoncer au père Trippo, qui, sourd comme une borne, ne comprend quoi que ce soit, ni à nous ni à ces hommes, ni à la chose, ni à une autre. Epouvantés et furieux, nous entrons dans la salle, où, sous notre dictée, mademoiselle Trippo crie dans l'oreille droite de son père qu'il nous a tirés là d'une fameuse, par sa présence, sa chandelle et son sang-froid.

Cette famille Trippo est effectivement patriarcale, et c'est plaisir, au sortir d'une aventure un peu farouche, que de se voir en compagnie d'un bon vieillard entouré d'enfants et de serviteurs affectionnés et respectueux. Mais l'auberge, propre d'ailleurs, répond presque trop à l'idée que nous en donnait l'aubergiste joufflu de Poschiavo. Après une grande heure d'attente, on nous y sert pour festin des œufs cuits durs et du pain de fenouil; encore ces vivres arrivent-ils trop tard. Soit faim, soit émotion, soit l'extrême chaleur de la salle, voici Vernon à qui le cœur manque; de Bar s'en mêle. Albin en fait autant; de proche en proche toute la caravane bâille ou s'affait. Pourtant, à la vue de nos lits, la gaieté revient et les rires nous guérissent. Il y en a quatre, et puis un cinquième, qui est une grande chambre garnie de paille. On se couche, et le sommeil fait le reste.

Halte grillée en Valteline. (page 110)

## TREIZIÈME JOURNÉE

Brusio est situé à une demi-heure de la frontière. C'est donc ce matin que nous disons adieu à la Suisse, qui, au reste, dès Saint-Moritz, nous a déjà semblé être l'Italie. Après une courte descente, nous arrivons à *la Madone*, où l'on vise nos passeports, et bientôt après à Tirano, où il s'agit de déjeuner d'une façon authentique, remarquable, rétrospective.

Quelle drôle d'auberge! Vaste, bruyante, d'une malpropre magnificence, où crient les gens, où crient les fritures, où crie le tourne-broche, sans compter des cochers qui vont, viennent, comme en plein carrefour. Du reste, large table, linge frais, cuisine exquise, et strachino sans pareil. L'hôte, grand et gros homme rhumatismal, en redingote bleue, donne de l'air à ces retraités du temps de l'Empire qui ont été généraux un moment et cacochymes des années. L'hôtesse et sa sœur, à l'envi mal peignées, ont à la fois la vulgarité et le bon cœur, l'emphase et la familiarité des Italiennes : elles nous accueillent avec amitié et mettent du prix à ce que nous nous tenions pour régalés. A cet égard, nous sommes en mesure de combler leurs vœux. En effet, au sortir de vallées pauvres et de sommités stériles, cette soudaine réapparition de l'abondance est à elle seule d'un agrément infini ; et du pain plus blanc, un potage plus civilisé, des côtelettes au lieu d'œufs cuits durs, paraissent bien vite un banquet étonnant par la variété des mets et par la disdinction des assaisonnements. Puis nos émissaires, qui, de tous côtés, reviennent chargés de figues, de pêches, de raisins, de tous les dons de Pomone achetés au quintal, et pour rien !

Mais à toutes les médailles il y a un revers. Une chaleur torride, la même qui dore ces raisins, qui confit ces figues, nous attend au sortir de la fraîche hôtellerie, pour nous confire aussi. Echelonnés sur un chemin poudreux que balaye une haleine embrasée, nous songeons alors aux fraîcheurs de la veille, aux sources, aux ombrages, qui sont ici clair-semés, tièdes, transparents ; à ces harmonieux désordres d'une nature libre, remplacés tout à coup par les mesquins arrangements d'une culture avare; à ces pentes sauvages, à ces noirceurs des bois, auxquels ont succédé l'éclat importun des murailles blanches, la rase uniformité des prés, l'industrieuse économie des arrosements artificiels, et le parallèle n'est pas de tout point favorable au beau verger que nous parcourons. Tout haletants, nous frappons aux pintes; mais si le vin abonde, on vous y refuse l'eau, et il nous serait plus possible d'en sortir ivres que d'en sortir désaltérés.

Cela n'empêche pas que la Valteline ne soit une vallée brillante de fertilité et parsemée de bourgades dont l'aspect est de loin riant, prospère, presque magnifique. Partout de belles églises, des chapelles ornées, des clochers d'une architecture svelte, des maisons soigneusement blanchies, animent de doux paysages, et se détachent avec un séduisant éclat sur la base fleurie de montagnes, ou sur l'azur sombre des gorges qui s'ouvrent par delà. Mais de près, ces bourgades semblent dépeuplées, cette blancheur extérieure recouvre des masures sans fenêtres, lézardées, bien souvent des ruines ; et nous remarquons en cent endroits que dans cette contrée on rebâtit à côté, mais on ne démolit jamais : de là la vide ampleur de bien des hameaux. Du reste, les gens y ont l'air actifs, intelligents, entièrement adonnés à l'agriculture, heureux en somme, tout au moins gais, ce qui nous a toujours semblé un signe de bonheur presque aussi certain que peuvent l'être, dans d'autre pays, l'enseignement mutuel, la petite poste ou les soupes économiques.

Ainsi, nos aventures de ce jour se bornent à manger des figues, à avoir soif, à braver la canicule et à visiter toutes les églises, autant il est vrai, pour y trouver l'ombrage et une crue fraîcheur, que pour en admirer la somptueuse architecture. Mais, à mesure que nous nous élevons et que la soirée s'avance, la contrée change à la fois d'aspect et le climat. Déjà les vignes sont bien loin derrière nous, déjà la végétation se rabougrit pour cesser bientôt, et en même temps de froides haleines signalent le voisinage des glaciers. Vers cette heures, nous avons en vue les parois de rochers au pied desquelles sa déploie, sur la rive droite de l'Adda, Bormio, le dernier bourg de la Valteline. D'un saut nous sommes à l'auberge, où, dès le seuil, l'hôtesse nous annonce que son cuisinier est à la promenade, et que l'empereur d'Autriche a logé chez elle en 1839. Ces nouvelles nous contristent beaucoup, la première surtout.

En Valteline, les hôtesses ne sont pas rousses, mais elles sont échevelées, grasses à quatre mentons, hommes par la voix, reines par le port. Plutôt bonnes que prévenantes, elles ignorent d'ailleurs les empressements intéressés, et vous accueillent du même air le bourgeois et le baron. Celle-ci a pourtant fait des frais pour être agréable à l'empereur d'Autriche : tous les poêles, toutes les niches, toutes les parois de la maison sont surmontés de Napoléons en plâtre, ou couverts de gravures de la grande armée.

Par bonheur, le cuisinier a l'idée, vers neuf heures, de revenir de la promenade, en sorte que notre souper ne se trouve pas remis au lendemain.

Un touriste en litière. (page 53)  Un touriste furibond. (page 53)

## QUATORZIÈME JOURNÉE

Ce matin nous partirions à l'aube, n'était la confusion introduite parmi nos chaussures, qui, après avoir été graissées en fabrique, viennent d'être jetées pêle-mêle sur le plancher. Chacun d'accourir et d'arracher son bien aux larrons, qui arrachent le leur à d'autres larrons. Les très petits pieds et les très nobles échappent seuls aux désastres de cette terrible mêlée. Ce dut être bien autre chose encore quand passèrent l'empereur d'Autriche et toute sa cour!

Fort heureusement le temps est beau, car c'est encore ici un entonnoir dont nous ne pouvons sortir qu'en franchissant le plus redoutable des défilés. Derrière la petite ville de Bormio s'ouvre, entre des parois de rochers nus, une gorge étroite, profonde, tortueuse, qui, plus loin, s'élargit en rampe rapide. Cette rampe aboutit à un plateau sinueux qui s'appuie à des arêtes rocheuses; du haut de ces arêtes, le mont lance ses pentes immenses jusqu'au fond de la vallée de l'Adige. Telle est la configuration générale du Stelvio, ce passage devenu fameux depuis que l'Autriche, pour faire communiquer Vienne avec la Lombardie sans emprunter à la Suisse son Splügen, y a fait percer une route qui, pour l'élévation, l'emporte sur toutes celles des Alpes et de l'Europe. C'est principalement en vue de connaître cet intéressant passage que nous avons dirigé notre itinéraire de ce côté, en sorte qu'aujourd'hui déjà nous nous considérons comme appelés à recueillir le fruit de nos laborieuses marches. Ce sentiment porte avec lui beaucoup de contentement.

Devant l'ouverture de la gorge, et sur une terrasse aussi nue que les parois qui surplombent alentour, s'élève un vaste et beau bâtiment. C'est un établissement de bains. Tout à l'heure engagés dans la gorge, nous ne voyons plus de ce bâtiment que son toit d'ardoise : au delà, la prairie de Bormio, le cours de l'Adda, et les vergers de Bolladore, qui brillent au loin du frais éclat du matin. Mais bientôt un rideau de rochers ferme la vue de ce côté, et nous voici tout à coup perdus au fond d'un hideux gouffre de pierres, à mille lieues, ce semble, de tout spectacle agreste et riant. Du fond de ce gouffre, il faut deux heures pour atteindre jusqu'au pied de la rampe dont j'ai parlé. Là, la route forme des zigzags sans nombre ; mais exercés qu'ils sont à ce genre d'investigation, nos éclaireurs ont indiqué d'avance, et reconnu de près. le moyen d'atteindre directement au plateau en montant le long de l'arête escarpée où viennent aboutir tous les sommets des zigzags. De cette façon, nous gagnons une bonne heure sur le char qui monte nos havre-sacs.

Pendant que nous cheminons sur le plateau, des nuées s'accumulent au-dessus des cimes voisines, d'autres accourent du fond des gorges ; déjà l'azur du ciel ne se montre plus qu'au travers de mouvantes trouées. C'est dans ce moment qu'apparaît en face de nous le sommet du passage. Ce sont, à droite, d'immenses plages de glace qui viennent assiéger des arêtes abruptes fièrement dressées sur la gauche, et l'on voit le petit filet de route, tout perlé de boute-roues, qui serpente avec souplesse contre la pente de ces arêtes, en atteint le niveau supérieur, s'y déploie un instant, et tourne bien vite sur le revers opposé. Ainsi, du point culminant de ce passage, dont la hauteur est à peu de chose près la même que celle du Buet, on contemple réellement au-dessous de soi, avec une sorte d'orgueilleuse surprise, les glaces éternelles, et, dans le contraste frappant du chemin si frêle et si audacieux, de ce glacier si colossal et si impuissant, on reconnaît, comme dans un glorieux symbole, l'intelligence victorieuse des forces brutes, et l'homme, roi de la nature.

A l'extrémité du plateau il y a une grande maison, sorte d'hospice, où vivent sous un toit commun, une auberge et une douane : c'est ici la frontière du Tyrol. Tout transis que nous sommes, nous voudrions bien n'y pas entrer, car le char porte des provisions valtelènes dont nous nous sommes pourvus, autant par économie que par précaution ; mais on nous presse, nous nous laissons séduire, et il arrive que ce jour-là, par précaution autant que par économie, nous consommons d'abord les vivres que l'on nous présente, et ensuite ceux que le char nous apporte. Pendant ce repas double, un douanier craqueur nous fait du libéralisme intéressé, non pas peut-être à la façon des mouchards, mais très certainement à la manière de ceux qui croient devoir se mettre dans vos bonnes grâces avant de vous tendre la main. Pour toute réponse, nous mangeons ferme : c'est une opinion qui ne compromet personne.

Au surplus, lorsqu'on voyage, soit effet de la distraction, du grand air, soit aussi parce qu'on croit remarquer à chaque pas que le contentement et le bien-être tiennent moins encore au droit de pétition ou aux élections par arrondissement qu'aux mœurs, au bon ordre, à la stabilité des institutions, il est de fait que l'on est peu disposé pour le quart d'heure à professer des opinions politiques bien tranchées. On voit des peuplades qui, sans êtres libres, paraissent heureuses ; on en voit de libres chez lesquelles toute joie, tout esprit de calme et de sécurité semblent disparus sans retour, et, sous l'impression de ces spectacles, on ne peut s'empêcher d'accueillir quelques doutes sur l'excellence des choses que l'on a prônées, ou sur le vice de celles que l'on a été appris à décrier. Très aisément alors la politique vous apparaît comme un triste assemblage de principes douteux substitués par les partis aux saines règles du sens commun, comme un dangereux arsenal d'armes à l'usage des amours-propres froissés, des prétentions injustes, des ambitions impatientes, de toutes les passions ardentes ou jalouses, et l'on se prend à croire que moins il y a d'hommes qui ont la clef de cet arsenal, moins aussi il y a de chances pour que la masse paisible des citoyens honnêtes et laborieux soit sans cesse inquiétée, entravée dans son utile et légitime essor, au profit et par les soins mêmes de tant de tribuns officieux qui s'en font les équivoques protecteurs. Certainement ceux qui pèsent le plus aujourd'hui sur les populations, ceux qui retardent avec le plus opiniâtre égoïsme l'avènement de la paix intérieure, de l'ordre, de la stabilité, ce sont moins les monarques que les démagogues, moins les gouvernements que les partis, moins la loi, moins le joug, que ce dérèglement d'opinions et de principes qu'on appelle la politique.

Lorsque nous quittons l'hospice, le froid déjà très vif nous fait presser le pas : en trois quarts d'heure nous atteignons le haut du col. Un spectacle aussi magnifique qu'il est inattendu (et voilà ce que c'est que de ne savoir pas par cœur son itinéraire) s'y déroule à nos regards. Figurez-vous, lecteur, que vous soyez transporté sur la cime du Brevent ; tout à coup, de cette hauteur, et en face de vous, apparaît l'imposant et majestueux amphithéâtre du mont Blanc ! Ici, le mont Blanc, c'est l'Ortler-Spitz, moins élevé d'une centaine de toises, mais plus frappant peut-être à contempler, parce que, affranchi du voisinage des cimes rivales, il lance seul dans les profondeurs azurées du firmament sa tête altière, et paraît encore plus un géant qu'un colosse. Par malheur, nous ne jouissons qu'imparfaitement de ce grand spectacle. D'innombrables nuées courent en désordre autour des flancs glacés de l'Ortler, et ce n'est que successivement et par de fortuites trouées que nous entrevoyons ici un profil de la montagne : là des vallées de glace, plus loin une dentelure d'aiguilles, là-haut une auguste sommité, là où nos yeux ne cherchaient plus que le ciel. Cependant un puissant murmure de foudre gronde de toute la montagne à la fois, et tandis que là-bas, dans la vallée de l'Adige, le cultivateur trace encore ses sillons sous le feu du soleil de midi, ici nous assistons au prélude de la tempête qui va tout à l'heure fondre sur ces champs, et le chasser, lui et ses bœufs, jusque sous le chaume de son étable.

Qu'il y a de poésie dans ces impressions ! et combien en pareil lieu ces sourdes fureurs ont d'attachante beauté ! A ce trouble inaccoutumé d'une colossale nature, le cœur s'émeut, l'âme s'ébranle, et, à côté de cette religieuse terreur qu'y répand le formidable courroux du ciel et des éléments conjurés, je ne sais quels gracieux souvenirs d'images riantes, de secrets, de tendres retours vers les siens, vers le logis dont on s'est exilé, s'y pressent, s'y heurtent, s'y confondent en une jouissance forte et mélancolique à la fois. Et encore, cet orage qui s'apprête, il faudrait oser l'attendre sur ce sommet désolé ; il faudrait, abrité sous la saillie d'une roche, de là voir avec tremblement la tempête se déchaîner, bondir, lancer ici ses torrents, là-bas ses tonnerres, remplir l'air de ses feux et l'espace de ses mugissements. Que de fois nous avons désiré goûter ce plaisir ! Le voici qui s'offre, et la prudence, ce tyran de l'instituteur, nous commande de le fuir. Déjà l'éclair joue à nos côtés, et de menaçantes nuées envahissent la place que nous nous hâtons de quitter.

Bien différent de l'autre revers du Stelvio, celui que nous allons descendre n'est qu'une longue pente, point abrupte, car notre avant-garde s'y lance presque directement, mais dominée de toutes parts, et de toutes parts ouverte aux avalanches. Il résulte de là que c'est justement du côté de la montagne qui offrait par lui-même le moins de difficultés à vaincre qu'il a fallu concentrer les travaux les plus difficiles et les plus coûteux. Toute la route, dans un espace de 3,860 pas, n'y est qu'une galerie continue, sous laquelle on chemine parfaitement abrité. Cette galerie, construite avec une extrême simplicité de moyens, est en bois. Nous observons qu'il n'a fallu pour la construire que commander deux sortes de matériaux, le bois et le fer, et sous quatre formes seulement, des poutres et des plateaux, des barres et des écrous. Mais il y a perfection dans l'assemblage compacte de pièces, dans la fruste solidité du travail, et dans la force savamment ménagée des solives qui se dressent en poteaux et se courbent en voûtes. Du reste, cette galerie ne recouvre qu'une moitié de la route, de façon que, dès les commencements de l'hiver, la première avalanche qui vient à tomber glisse sur la toiture, dépose sur la partie découverte de la route une masse de neige qui fait à la fois muraille pour l'intérieur de la galerie, abri pour le rebord extérieur du chemin, et pente continue pour les avalanches nouvelles, qui glissent rapidement sur cette masse de constructions échelonnées, au lieu de les ébranler par leurs chocs répétés. En été, lorsqu'on regarde du bas de la montagne ces travaux de toitures et de pieux, ces ouvrages si patients, si réguliers, si semblables à eux-mêmes d'un bout à l'autre, on se rappelle involontairement ces constructions patientes aussi, régulières aussi, qu'élèvent les castors dans leurs solitudes. Mais, tout involontaire qu'il est, ce rapprochement repose pourtant sur de réelles analogies, et l'esprit, lorsqu'il s'en est emparé, finit effectivement par trouver des rapports par trop mystérieux entre l'instinct intelligent du castor et l'intelligence passive, mais habilement dirigée, de l'Autrichien.

Au surplus, le point de vue économique, la prédominance du raisonnable et de l'utile, une juste appréciation des moyens comparés au but, ce sont là les caractères qui distinguent généralement les ouvrages de l'administration autrichienne, et celui-ci en particulier. Tout y est régulier, symétrique, admirablement conçu, tant pour les avantages de durée que pour l'économie d'entretien; mais la grandeur manque. Quelque chose de sage, mais de froid, a présidé à l'érection de cet ouvrage monumental, et nulle part l'idée du beau, l'idée du grand, ne s'y exprime, n'y a coûté un sou de façon. Par là le Stelvio est supérieur, par là aussi il est inférieur au Simplon La route du Simplon, hâtivement faite, imparfaitement construite, vous frappe dès l'abord par l'impression de je ne sais quelle lutte plus irréfléchie, mais plus énergique, contre l'obstacle des lieux, par ses imposantes galeries, plus hautes sans doute qu'il n'était nécessaire ou utile, mais taillées dans le roc vif, semblables à des nefs mystérieusement éclairées, et qui, lorsque les siècles auront détruit toutes les chaussées, tous les ponts, tous les aqueducs de la route, demeureront encore, immortels vestiges d'une immortelle conception.

Nous venons de quitter l'abri de ces galeries, quand la tempête éclate. Un grand coup de tonnerre donne le signal, et, deux minutes après, nous sommes trempés jusqu'aux os. Ce n'est plus ici, comme là-haut, un poétique spectacle : pluie battante, ornières boueuses, les arbres ruisselants, et un homme qui ouvre son parapluie. Une maison se présente, l'arrière-garde s'y jette, pousse jusque dans une cuisine enfumée, et demande l'hospitalité à une vieille sorcière qui s'enfuit d'épouvante. Bon voyage, et vite grand feu ! madame Topffer découvre une demi-bouteille de quelque chose, M. Topffer livre ses trois grains de sucre, Simond déterre une casserole, et voici un négus, un négus... acide, verjus, bouillant, délicieux, souverain. Comme nous sommes à boire, entre le maître : « Faites, dit-il ; vous êtes ici dans la maison de l'empereur. « Alors nous nous excusons d'avoir troublé la vieille. « C'est ma belle-mère, ajoute-t-il, *è sempre rabbiosa;* mais je veux vous présenter ma femme. » Cela dit, le brave homme sort pour rentrer bientôt accompagné de trois frais moutards et d'une jeune mère d'une remarquable beauté ; l'air de bonheur répandu sur tous ces visages, l'accueil cordial et désintéressé de ces gens, la chaleur de l'âtre, le pittoresque de l'aventure, tout dans ce moment nous réjouit, nous enchante, et nous quittons à regret cette noire demeure, emportant un de ces souvenirs qui ne s'effacent plus, parce que le cœur plus encore que la mémoire en a la garde.

Pendant cette halte la pluie a cessé ; au vacarme de tout à l'heure succède le calme charmant d'une douce soirée. Alors, hâtant le pas, nous dépassons le verdoyant défilé de Drafoys ; la nuit tombe, la vallée s'ouvre, une lumière paraît : c'est l'auberge de Prad, où l'avant-garde nous attend les pieds sous la table.

Surpris par l'orage. (page 120)

## QUINZIÈME JOURNÉE

Ici recommencent les famines. Nous quittons Prad de bonne heure, le ventre vide d'un déjeuner très cher.

A une heure de Prad, la route du Stelvio rejoint celle d'Inspruck, au moyen d'un pont jeté sur l'Adige. C'est cette dernière que nous allons descendre en suivant la rive gauche du fleuve. Cette partie de la contrée rappelle les sites pauvres et nus de la Maurienne : ce sont des champs immenses encaissés entre des montagnes pelées. Du reste, excellent pays, comme on sait, pour s'y entre-détruire à coups de canon. Pas un de ces champs de blé qui n'ait été champ de bataille, pas une de ces buttes qui n'ait ses glorieux souvenirs de carnage. Par malheur, nous ne sommes pas tacticiens, en sorte que le hideux de la guerre ne disparaît pas pour nous derrière l'élégance des manœuvres ou la savante beauté des opérations.

Dès ici les distances sont comptées en milles allemands,

et tandis qu'une grande pierre ne manque pas d'avertir le piéton qu'il vient d'en consommer un, d'innombrables petites pierres ne manquent pas non plus de l'avertir que, sur son mille, il vient de consommer vingt minutes. Absolument quelqu'un qui vous compte les bouchées ; et il en va ainsi pendant des centaines de lieues. C'est cela qui est castor !

Une autre chose. A tout bout de champ d'immenses crucifix, des scènes entières de la Passion ou de la légende, dont les personnages, en bois sculpté et peint, sont d'un style incorrect sans doute, mais original et parfois plein d'énergie : il y a tel de ces christs dont l'expression, à la considérer isolément, est sublime de mortelle angoisse. Puis, comme il arrive naturellement, partout où l'image, par la multiplicité même des reproductions qu'on en fait, est devenue type, symbole, les gouttes de sang qui jaillissent de dessous la couronne d'épines, celles qui dégouttent de la plaie des clous et du trou de la lance, ont pris peu à peu sous le pinceau de l'artiste une régularité consacrée. Les premières sont disposées en couronne, les autres se balancent systématiquement autour du filet qui leur sert comme de tige. Tout bizarre que cela puisse paraître, c'est pourtant du style encore, seulement c'en est la charge. Outre ces images, de petits tableaux proprement encadrés et abrités avec soin, se dressent le long des chemins. Ils sont destinés à implorer de la pitié du passant une prière en faveur de Christian ou en faveur de Maria, dont la fin sinistre y est représentée, gauchement à la vérité, mais avec une naïveté qui rappelle le faire à la fois inhabile et expressif des vignettes du xv$^e$ siècle. A ces signes et à d'autres on reconnaît bientôt que l'on vient d'entrer dans une contrée *sui generis,* religieuse, fidèle à son culte, à ses traditions, à ses mœurs ; chez une nation enfin, et non pas chez un assemblage d'esprits sans lien et sans unité. Et quand ensuite l'on voit le paysan tyrolien si fièrement assis sur son cheval qui tire la herse, l'on s'explique la mâle noblesse de son visage, et cet air d'homme et de maître que donne seule la conscience de droits antiques et d'institutions à l'épreuve.

A Schlanders, où nous passons à midi, nous sommes accidentellement témoins d'une scène qui ajoute un trait intéressant à ceux que nous venons d'esquisser. Au son de la cloche de midi, sept ou huit hommes qui étaient occupés à battre le blé jettent là leurs fléaux, s'avancent sur le seuil de la grange, et, tombant à genoux, ils y demeurent pendant quelques secondes en adoration. Cette scène, si imposante dans sa simplicité, se répète à cette heure dans tous les hameaux; partout ces hommes fiers, partout ces hommes maîtres interrompent leur œuvre pour courber le genou devant le Très-Haut. — Pratiques! dira-t-on : oui, mais saines, belles, utiles, qui impriment et qui propagent la crainte de Dieu, qui ploient l'enfance à son joug, qui, chaque jour, transforment pour quelques instants en frères et en égaux maîtres et journaliers, ceux qu'abrite un même toit et ceux que rassemble une circonstance fortuite, ceux qu'unit l'affection et ceux que la haine divise. Pratiques! mais qui valent mieux que cette absence de pratiques au sein de laquelle va s'effaçant chaque jour davantage, chez les nations dites en progrès, l'idée religieuse, sauvegarde indispensable de la moralité, du bonheur et de la nationalité des peuples.

Cependant la faim nous ronge et voici la pluie : nous entrons au *Soleil d'Or;* mais au *Soleil d'Or* il n'y a ni pain, ni lait, ni viande, ni fenouil, ni quoi que ce soit, hormis un quartier de saindoux et des pommes de terre que l'hôte va faire bouillir. Bien triste régal! Ce qui est plus drôle, c'est l'hôte, qui, tout glorieux d'une si belle tombée, va, vient, s'informe si l'on est content, et veut qu'on lui dise si l'on manque de quelque chose. Une heure passe, et puis deux : qu'allons-nous devenir si la pluie nous retient dans ce trou? Plutôt affronter grêle et tonnerre! Nous fuyons jusqu'à Latsch.

A Latsch, les gens parlent une langue inconnue qui n'est pas le romonsch : impossible de s'entendre. Mais, rincés que nous sommes, nous commençons par nous emparer d'un large foyer circulaire au centre duquel pétille une flamme magnifique, et la troupe entière, disposée en cercle, fait des *par file à droite*, des *par file à gauche*, jusqu'à entière dessiccation des hommes et du fourniment. C'est beau à voir, mais infernal un peu. Pendant ce temps, David déterre une sorte d'interprète mouillé qui traduit nos demandes en algonquin : alors des marmitons s'avancent, et nous leur cédons la place. Il n'est que trois heures, la correspondance est reprise, les jeux s'organisent, l'esprit va son train. C'est bien heureux, car Latsch est un de ces trous où si, pour une minute seulement, on venait à ne pas s'amuser beaucoup, on périrait infailliblement de tristesse mortelle et d'ennui rentré.

Notre souper est parfaitement bouffon. Des soupes grandes, profondes à s'y noyer, et, après ces soupes, des troupeaux de moutons coupés en morceaux, servis en tas, à droite, à gauche, en bas, partout : vrai charnier qui rassasie rien qu'à le voir. Nous avons craint la disette, et voici l'abondance qui tue la faim.

Carabinier du Tyrol. (p. 128)   Les sorcières de Macbeth. (p. 127)

## SEIZIÈME JOURNÉE

A Latsch, quand un voyageur arrive, vite on lui tue un bœuf; il le paye, c'est juste, mais il ne l'emporte pas : c'est le principe. Aussi voici venir ce matin une carte exorbitante où sont comptés tout au long et tout au large ces étangs de soupe et ces troupeaux cuits que nous contemplâmes hier au soir. Alors la bourse se fâche tout rouge, et l'on rappelle l'interprète. Par malheur, tout interprète est neutre comme un chapeau gris ; c'est tout au plus un coussinet interposé entre les partis : celui-ci ne manque pas d'approuver l'hôtesse, d'approuver la bourse, et de s'approuver aussi lui-même. On l'envoie promener et l'on paye. C'est par là qu'il aurait fallu commencer.

Dès Latsch, la contrée devient de plus en plus pittoresque; la plaine est richement cultivée; de beaux ombrages nous attirent çà et là, et les montagnes, beaucoup moins nues que celles que nous avons vues hier, commencent à prendre le caractère italien. Moins accidentées que les nôtres, elles n'offrent aux regards ni des plateaux cultivés ni des forêts séculaires, mais des pentes vertes et buissonneuses dont les formes ont de la douceur et le coloris un éclat plus tendre, plus clair que celui de nos Alpes. A mesure que nous descendrons la vallée, ces cimes vont s'abaisser, les lignes s'adoucir, les escarpements prendre de la grâce, les hauteurs se couronner de ruines ; et ce soir déjà nous aurons de toutes parts sous les yeux de ces paysages tellement composés que l'on dirait que le Poussin lui-même les a ainsi arrangés pour qu'ils lui servissent de modèles.

Comme d'ordinaire, la faim nous dévore. Nous essayons de déjeuner à Naturns. Là, il n'y a dans l'auberge ni flaques, ni troupeaux, ni rien, que des verres. On nous sert donc des verres. Puis des émissaires vont acheter du café chez le droguiste et des pains chez le magistrat. Chaque pain, chaque once de quoi que ce soit exige un voyage et des écritures, sans compter que ce mouvement imprimé aux affaires se communique à la population, qui s'en vient aux fenêtres, aux portes et aux portillons, contempler les énormités de l'événement. C'est en effet la première et la seule fois qu'on aura vu à Naturns soixante-dix-neuf couronnes de pain paraître et disparaître en moins d'un quart d'heure.

En sortant de Naturns, nous remarquons dans une prairie un jeune gars tyrolien qui, armé d'un fouet, fait retentir les airs de claquements formidables. C'est pour prendre de l'appétit apparemment. Mais quand il voit que nous nous arrêtons à le contempler, alors la gloire s'en mêle ; il redouble, il change de main, il change encore, il va de prouesse en prouesse, jusqu'à ce qu'épuisé il tombe sur le gazon. Au surplus, c'est là un petit exercice matinal tout à fait en rapport avec les mœurs du pays ; et sans doute beaucoup de ces hommes agiles et si bien découplés que nous voyons dans les champs l'ont pratiqué dans leur jeunesse. Tous les Tyroliens, même les plus puissants, ont la ceinture mince et bien prise, la démarche souple et élastique, les muscles forts, les articulations fines; et, jaloux de plaire, mais à leur manière, ils font leur parure des riches fleurs de la santé et de ces signes de mâle vigueur.

Plus loin, ce sont les sorcières de Macbeth; trois vieilles échevelées, sans dents, vêtues de lambeaux troués, hideuses à faire trembler les petits enfants. Chose singulière, ces commères, au lieu de mendier, jasent et rient. Mais où est donc Callot?

Cependant nous approchons de la délicieuse vallée de Méran; voici la vigne, les amendiers, les pêchers, le maïs, toutes ces riches productions que nous ne fîmes qu'entrevoir naguère en Valteline. Que ce retour des vergers et des fruits est doux au voyageur! Que la terre lui paraît une nourrice bonne et généreuse, un merveilleux trésor de fécondité et de largesses! Mais, hélas! il lui faut attendre qu'un marchand se soit interposé entre lui et ces belles grappes suspendues aux treilles qui ombragent la route; il faut qu'altéré et ruisselant de sueur, il se borne à contempler pour l'heure ces coupes d'un frais et délicieux breuvage, et c'est bien cruel. Aussi M. Topffer conseille-t-il à chacun de regarder la terre et de se préoccuper uniquement de son bout de pieds, afin d'éviter les amorces du tentateur; c'est moral, mais c'est malaisé, et Léonidas continue de regarder en l'air avec bien de l'extase. Alors deux capucins, touchés du naïf désir de cet enfant, se mettent à pêcher à sa place, et ils lui cueillent sans remords deux grappes maîtresses. Ils ont du bon, les capucins!

Au sortir de ces treilles, on découvre soudainement l'amphithéâtre de collines, de châteaux, de verdoyantes montagnes, au centre duquel s'élève la jolie ville de

Méran. C'est une bourgade propre, riante, bien bâtie, une de ces petites cités dont, rien qu'à les voir, on tiendrait à contentement d'être bourgeois. Au moment où nous y entrons, toute une municipalité endimanchée vient donner l'aubade à un employé de l'empereur, qui se trouve être natif de la contrée, et la musique du district joue sous ses fenêtres les airs nationaux. Cependant arrivent un à un des montagnes, pour lui former une garde d'honneur, ces fameux carabiniers du Tyrol, parés de leur riche et antique costume. Ces hommes, beaux de stature, fleuris de visage, portent en signe de joie un bouquet dans le canon de leur arme; d'ailleurs leur démarche est posée et leur maintien d'une dignité sévère. Comme l'on peut croire, ce spectacle nous contraint de faire une halte à Méran. Pendant que les uns vont aux provisions, les autres, assis sur leurs sacs, regardent, écoutent, se reposent, et sont ravis par tous les sens à la fois.

Nous voulons essayer de décrire le costume de ces carabiniers. Qu'on se figure un large chapeau vert dont une aile est fièrement relevée sur le côté, puis des sortes de bretelles liées entre elles sur la poitrine par des lanières symétriques : ces bretelles, tissées en soie et d'un vert éclatant, sont posées sur un gilet de la plus vive écarlate. Par-dessus ce vêtement, une jaquette brune de bure, carrément taillée, puis des culottes de la même étoffe et des bas blancs tirés avec soin. Mais voici peut-être ce que le costume a de plus caractéristique. Les bas, grâce à la finesse des genoux, tiennent sans jarretières et se trouvent tirés par la seule ampleur musclée des mollets, qui distend les mailles du centre; tandis que les culottes, qui par devant recouvrent le genou, s'échancrent par derrière et laissent à nu, entre elles et le bas, l'articulation du jarret. Tout ceci dessine les formes, accuse la souplesse et met en relief la saine vigueur de cette belle race d'hommes. Aussi est-ce un costume, à proprement parler, et non pas un uniforme. Les uniformes servent, au contraire, à dissimuler les inégales difformités des races grêles et appauvries.

Il faut s'arracher à cette fête. Nous quittons Méran à regret. Une calèche porte nos havre-sacs, nos écloppés et un cocher parfaitement ivre, qu'il faut à la fois maintenir sur son siège et empêcher de conduire. Le reste de la caravane s'échelonne librement par sociétés qui vont partout quêtant du raisin, pendant qu'à l'arrière-garde M. Topffer secourt les incendiés et fait de la petite chirurgie au profit d'une bergère qui vient de se faire une large entaille au pouce. Il ne s'agit au fond que de poser sur la blessure une bande de *court plaister ;* mais à la vue du taffetas gommé, à la vue des ciseaux, à la vue de l'opération salivaire préparatoire, la bergère sent le cœur lui manquer, elle hésite, elle consulte ; les unes conseillent, les autres dissuadent ; une vive agitation trouble et divise les esprits. Alors, comme l'homme de Rabelais, M. Topffer fait, par signes, une persuasive harangue ; puis, arrivé à la péroraison, il applique éloquemment sur son propre nez une bande du taffetas redouté. A ce moment, l'assemblée tout entière se rend : le pouce est pansé, la bergère est ravie, et l'orateur reprend triomphalement son petit bonhomme de chemin.

Bolzen est horriblement éloigné de Méran. Excepté les infatigables, tous les autres tombent successivement en démoralisation. On les voit qui boitent, qui s'étendent par terre, qui s'informent des distances, qui regardent si Bolzen ne vient point à leur rencontre. Simond trouve un quidam qui le charge sur son char et qui le dépose sur un pont, d'où il s'achemine en demandant aux gens : *Nach mach wirth !* C'est une façon démoralisée de dire : Où est l'auberge ? Une fois arrivé, il déclare qu'il a laissé M. Topffer en train de ne plus vouloir bouger. Vite on lui dépêche des secours, c'est-à-dire des camarades qui le leurrent amicalement, en lui faisant voir tout proche de lui cette *Wirth mach nach* qu'ils savent très éloignée encore. C'est égal, on ne connaîtrait pas les délices du repas ni celles de la simple station, si l'on n'avait pas passé par ces lassitudes laborieuses, qui ont le grand avantage de ressembler à une souffrance sans en être une.

L'auberge est charmante, les hôtes sont remplis d'empressement; mais, déjà endormis dès longtemps, nous ne soupons que d'un œil.

Convoi de forçats. (page 133)

## DIX-SEPTIÈME JOURNÉE

Nous sommes tombés chez une paire d'hôtes humains, bienveillants, patriarcaux. Nouvellement mariés, nouvellement établis, ces époux ont la candeur des braves gens et l'empressement aimable des bons cœurs. Presque tristes de ce que nous n'avons pas fait assez d'honneur à l'excellent souper de la veille, ils ont disposé dans un jardin attenant, et sous un dôme de citronniers, une longue table chargée d'un déjeuner splendide. A cette vue, des cris de joie éclatent, auxquels succèdent bien vite un silence qui n'est pas morne du tout. Cependant le ciel est d'une sérénité délicieuse : par delà les arbres voisins, on aperçoit de belles cimes encore enveloppées d'ombre ; çà et là un rayon de soleil pénètre dans la feuillée et fait resplendir l'or des citrons. Pard, Latsch, Naturns, où êtes-vous ? Jours mauvais, qu'êtes-vous devenus ? Les graves de la troupe font observer que, si la vie humaine ressemble à un voyage, c'est uniquement parce qu'un voyage ressemble à la vie humaine. C'est plus amusant, voilà tout.

Il s'agit, vous vous en souvenez, d'aller à Venise. Dans le but d'y arriver enfin, et aussi séduit par l'occasion, M. Topffer loue ici une voiture. Cette voiture est une sorte d'omnibus qui déjà offrirait l'avantage de pouvoir nous relever par moitié ; mais en outre elle a pour propriétaire et pour cocher le frère même de notre hôte, un bon Tyrolien, brave, loyal, respectueux, nouvellement établi aussi, et qui porte à son chapeau blanc, doublé de vert sous les ailes, un frais bouquet de fleurs. Pendant que cet homme va donner l'avoine à deux beaux chevaux de quatre ans, nous parcourons la ville, nous visitons la cathédrale ; nous reconnaissons que Méran, si propre, si gai, si bien situé, ne valait pas encore Bolzen et ses délicieux environs. La vallée est large, riche, élégamment boisée. L'Adige y règne au centre, bordé de plages basses, parsemé d'îles, et tempérant en quelque sorte, par les tortueuses irrégularités de son cours, ce que présentent de presque trop décoré les ravissants paysages au milieu desquels il promène ses flots. De tous côtés, en effet, ce sont, en avant des montagnes, des coteaux à cimes rasantes, à flancs escarpés et buissonneux ; et partout où l'œil du peintre les presse ou les désire, une ruine crénelée, un fier château, d'antiques forts, un couronnement de murailles festonnées de lierre.

Nous faisons de notre omnibus chambre et cuisine ; l'on y apporte des melons, du strachino, très parfumé il est vrai, des victuailles de toutes sortes. C'est la bourse commune qui veut essayer de se mettre à son ménage. Quand tout est prêt, une moitié des voyageurs s'emballe, l'autre sort de la ville à pied sous la conduite de l'hôte. Après qu'il nous a mis dans le chemin, ce brave homme prend congé ; tous alors nous lui serrons cordialement la main en le remerciant avec effusion de ses bontés, et en lui exprimant le regret que nous avons de nous séparer de lui.

Nous voici engagés dans la belle vallée : il y a vraiment de quoi faire tourner le bourgeois à l'églogue ; M. Topffer n'y manque pas. Oh ! les séduisants ombrages ! Quels délicats arbustes ! Une argentine lumière empreint d'une charmante pâleur les prairies qui ondulent, les plans qui vont mourir à l'horizon. Voici des pentes rocailleuses, deux chèvres mutines, un pâtre nonchalant, une masure solitaire. Voici... voici un convoi de malfaiteurs ! Adieu l'églogue alors. Une sinistre impression succède aux douces images, et le cœur se serre à la vue de ces malheureux qui vont être arrachés tout à l'heure aux caresses de cette nature souriante, pour aller gémir derrière les verrous d'un cachot.

Plusieurs de ces malfaiteurs sont des vieillards qui portent jusque sur la fatale charrette ce stoïque maintien du scélérat endurci, que le remords ne visite plus dès longtemps. Les autres sont de jeunes hommes, la plupart d'une belle figure, et qui, pensifs et accablés, ne jettent autour d'eux qu'un regard terne et brutal, ou bien, effrontés et folâtres, jasent, rient, agacent de leurs plaisanteries les soldats de l'escorte, jeunes comme eux, et par cela même tentés d'y répondre. Ceci ne devrait pas être souffert, ce semble, et c'est un spectacle qui imprime un léger effroi, que celui de ces militaires qu'on laisse s'entretenir avec des hommes dont l'intelligence, exercée à la fois et dépravée par le crime, domine la leur nécessairement, et peut bien facilement y jeter le trouble, ou y faire lever la première semence d'immoralité.

Le ménage manque de pain. L'on en fait provision je ne sais où ; après quoi, les vivres sont distribués, et chacun mange sa ration sur le pouce. Le procédé réussit, et l'on se promet d'en user de nouveau quand les circonstances et la bourse commune le permettront. Celle-ci, depuis qu'elle fait les frais de l'omnibus, est devenue de plus en plus intraitable, revêche, sujette à des soubresauts, dès que quelqu'un fait mine seulement de ne vouloir pas, par économie, mourir de faim. Au dessert, et toujours sur le pouce, on ouvre un melon, choisi avec le plus grand soin par un particulier qui a le bonheur d'être de toute force sur l'article : c'est Vernon. Couleur superbe, parfum inodore, goût conforme, une vraie courge, et c'est Vernon qui est melon.

A mesure que nous avançons dans le Tyrol italien, le caractère de la population change entièrement. Dès ici l'on rencontre des visages hâlés, des hommes sans bas, négligemment vêtus, indolents de maintien, ou qui se prélassent sur des ânes. Bien qu'encore de hautes montagnes enserrent la vallée, l'on pressent d'avance la mollesse, le *far niente*, l'insouciance folâtre, cette expansive et bouffonne gaieté qui rend aux Italiens le joug supportable et la vie légère. Pourtant nous n'en sommes encore ici qu'aux avant-coureurs; car, bien différente des contrées que nous parcourerons plus tard, celle-ci a des franchises, une forte nationalité, et les champs y sont la propriété de paysans à qui profitent leurs labeurs.

Près de Trente, nous sommes surpris par une tiède ondée qui nous fait grand bien. Cette ville est grande, très vivante, riche en beaux et curieux édifices. Nous y descendons dans un hôtel fort propre, mais qui d'ailleurs est italien déjà par le grandiose des appartements et par le tapage des valets et des voiturins. Pour l'heure, tout y est aux ordres d'un seigneur courrier qui prend son dessert et sable du bordeaux. Quand ce courrier a tout dit, tout commandé, tout bu, nos hôtes commencent à s'apercevoir que nous sommes là; mais Sa Grandeur continue de se curer les dents sans nous apercevoir le moins du monde.

Pendant que la bourse commune envoie aux emplettes

pour ravitailler son ménage de demain, l'on donne des soins à Simond, qui, indisposé depuis ce matin, est devenu d'heure en heure plus cave et plus verdâtre. Qu'allons-nous devenir si c'est le commencement de quelque fièvre typhoïde? A tout événement, M. Topffer ordonna un lit chaud, deux tasses de thé et un profond sommeil.

———

Nous nous établissons au gros soleil. (page 139)

## DIX-HUITIÈME JOURNÉE

Au lever, notre malade ne se trouve guère mieux ; toutefois il a dormi, et aucun symptôme nouveau ne s'est déclaré. L'on dispose dans l'angle de l'omnibus une petite ambulance à son usage, et l'on part.

Au delà de Trente, la route s'élève en serpentant contre le flanc d'une côte rapide. A mi-hauteur, l'on a une vue magnifique de la ville et de cette belle vallée de l'Adige que nous allons quitter pour nous enfoncer dans les gorges de la Brenta. Cette côte elle-même est, plus encore que tout ce que nous avons vu jusqu'ici, non pas boisée, riante ou remarquable pour le particulier, mais attrayante pour l'artiste, faite pour être peinte ou pour être chantée. Ce sont des terrains brûlés, rocailleux, parsemés d'herbes libres, et étalant toutes les élégances des lignes, toutes les finesses du coloris. Par ci, par là, un, deux arbres se dressent contre les rochers ou penchent sur le vallon ;

quelque jeune garçon repose à l'ombre de sa charge de maïs. Il faut le reconnaître, nos sites les plus riches en verdure, en somptueux branchanges, en brillantes cascades ou en nappes d'azur, ont certainement moins d'émouvants attraits, moins de poésie véritable que ces paysages presque nus, où les objets, plus rares, ont une expression plus certaine, où le sol, plutôt oisif que stérile, se couvre de libres végétations, n'offre que des accidents naturels, et attache par sa physionomie, au lieu de plaire par sa parure.

Aujourd'hui, ce ne sont pas des malfaiteurs qui nous tirent de l'églogue, c'est un ménage qui émigre. L'épouse, petite dame toute ronde, est posée à califourchon sur une jument poulinière, de telle sorte que, mollets pour mollets, les siens valent ceux du papa Zippach. L'époux, grand monsieur tout long, marche chargé des cartons et du petit chien ; suit un quidam monté sur un ânon. Le tout forme quelque chose de fabuleux et d'incompris qui se rend à Babylone ou ailleurs. Chez nous, des particuliers qu'une grande détresse aurait obligés de s'ajuster ainsi jusqu'au prochain village, auraient soin de prendre par les sentiers et de n'entrer au hameau qu'après la nuit tombée ; ceux-ci vont faire leur entrée à Trente en plein midi, sans se croire risibles, et, ce qui est mieux encore, sans être moqués. C'est que les Italiens, qui sont bouffons, ne sont pas du tout railleurs. Expansifs avant tout, ils laissent paraître chaque passion, chaque sentiment, tel qu'il naît en eux ; de sorte qu'il leur est bien plus naturel d'exprimer pour ce qu'il est tel mouvement haineux, jaloux ou moqueur, que de le transformer en persiflage, en sarcasme ou en rire malicieux. Voilà pourquoi leur gaieté est franche comme leur dédain, comme leur fureur ; ce qui n'empêche pas que, de ce côté-ci des Alpes, nous nous les figurions tous traîtres et madrés.

Derrière le mont que nous venons de franchir, nous

trouvons une vallée qui est solitaire sans être sauvage, et un lac, celui de Lévigo, qui ne réfléchit que des montagnes sans caractère, couvertes et comme revêtues de buissons rabougris. La population a changé aussi : hommes, femmes, maisons, tout est misérable, au milieu d'une contrée cependant fertile. Le cocher nous en donne pour raison que ces gens cultivent, mais ne possèdent rien en propre. Plus loin la contrée s'embellit de nouveau, nous traversons de jolies bourgades ; mais le paysan continue d'être malpropre, mal vêtu, pouilleux même, en dépit des soins affectueux que se prodiguent mutuellement et en public les membres de chaque famille, échelonnés sur l'escalier, ou paresseusement établis sous le porche. Là, chacun reçoit une tête et livre la sienne, la chasse commence, et les heures fuient d'un vol rapide sur l'aile de la distraction, de l'attente, de la trouvaille, de la victoire sans cesse renaissante et jamais accomplie. *Tam diu Germania vincitur.*

Pendant que notre omnibus s'arrête à Lévigo, nous allons, chargés de nos provisions, chercher au delà de la ville un bel ombrage qui nous tienne lieu de salle à manger. Recherche vaine. Tout est mûriers dans les environs, et il serait plus facile de prêter son propre ombrage à ces vilains petits arbres, que de se partager celui qu'ils peuvent offrir. A ces causes donc, et dans l'intention de ne pas mourir de faim, nous nous établissons au gros soleil, pour y manger un saucisson salé auprès d'un ruisseau tari. De cette façon nous ne risquons plus que de mourir de soif.

C'est justement ce moment là que Vernon choisit pour faire l'éloge du mûrier. Il est vrai que Vernon juge les mûriers au point de vue des cocons ; c'est pour cela qu'il fait l'éloge de ce petit arbre bien discipliné, bien peigné, appris à pousser en gaules et à donner des feuilles. Mais que font aux artistes les cocons ? que font les bobines et les filatures à des malheureux qui ne demandent qu'un peu d'ombrage? Et l'on dit qu'il est question d'introduire la culture du mûrier dans notre canton! Que sera-ce alors de notre beau pays?

Chose drôle! voici plus loin les mêmes arbres, mais libres, épars, et jetant en tous sens leurs rameaux noueux; on dirait des garnements échappés à l'instituteur et qui fuient la serpe. Ces arbres sont beaux décidément, et nous sommes disposés à nous raviser. Mais Vernon, n'a plus, lui, que des mépris pour ces grands aliborons qui, trompant l'esprit de la bobine, dissipent à s'engraisser et à croître le plus beau de leurs ans et le meilleur de leur sève.

Quoiqu'il fasse le plus beau temps du monde, une sorte de brume, qui ne nous quittera guère qu'après Venise, ternit, durant le milieu du jour, le pur éclat du soleil et répand sur les lointains une teinte blafarde. Mais, au coucher du soleil, cette brume s'embrase, la grise vapeur se change en éclatante pourpre : cimes, coteaux, clochers, tout resplendit pendant quelques instants, pour s'éteindre bientôt dans ce pâle et clair crépuscule, qui est l'heure chérie des Italiens. Alors, réjouis par la fraîcheur, ils sortent de leurs maisons; la rue se peuple, les groupes se forment; et ces mêmes bourgades, qui semblent désertes quand on les traverse à l'heure de midi, paraissent des villes encombrées d'habitants. Tel nous apparaît ce soir Borgo di Val Seguna, où nous allons descendre dans une auberge qui ne sera bâtie que l'année prochaine.

En attendant, l'on y dîne dans un corridor et l'on y couche ailleurs.

L'aïeul donne la chasse à ses petits-fils. (page 142)

## DIX-NEUVIÈME JOURNÉE

Dès hier notre malade mangea sa ration de saucisson auprès d'un ruisseau tari : signe qu'il entrait en convalescence. Aujourd'hui, il se trouve complètement rétabli, en sorte que le coussin jaune qui constituait à lui tout seul notre ambulance est mis à la disposition de chacun des braves du régiment.

Nous voulions partir de bonne heure, mais il faut attendre. Une énorme charrette, chargée de balles de coton, obstrue la route, obstrue le pays ; devant ce mastodonte, tout s'arrête ou rebrousse; autour, tout crie, tout se démène; les fouets claquent, les mules s'abattent. Jusqu'à ce qu'enfin le monstre s'engage lentement dans la rue de Borgo, où, de son ventre, il bouche les fenêtres, emporte les volets et broie les étages.

Toujours des montagnes. Vernon commence à manquer d'air. C'est vrai que les montagnes, surtout si elles sont toutes les mêmes, finissent bien par avoir aussi leur genre de monotonie. Celles-ci, hormis dans le défilé des gorges de la Brenta, où elles viennent border la rivière de parois stériles et tourmentées, se ressemblent et par leur physionomie et par leurs accidents. Elles ne sont ni nues, ni boisées, ni douces, ni sauvages, ni chair ni poisson. Mais au delà des gorges elles se couronnent d'arbres, elles se parent de verdure, et, de plus en plus fraîches et fleuries, elles inclinent leurs dernières pentes jusque sous les murs de Bassano. A partir de cette ville, plus de monts, plus de coteaux, mais une immense plaine où l'on ne voit communément que le ciel et la route. A nous alors, Suisses, de manquer d'air.

Il est dimanche. A Grigno, où nous arrivons affamés, on ne trouve que des poulets. Qu'à cela ne tienne ! Aussitôt neuf de ces malheureux ne font qu'un saut du verger au tournebroche. Cependant la table se dresse ; père et mère s'en mêlent, et l'aïeul, et les enfants, et des moutards, et le chien. C'est bien du monde. Aussi l'aïeul se met-il à donner la chasse à ses petits-fils, à ses petites-filles, et partout où il en attrape, d'une paire de soufflets ou d'un coup de pied dans l'organe, il les envoie directement *alla chiesa*. Après quoi il revient contre le chien, qu'il envoie au diable et aux curieux qui, chassés de la porte, escaladent les fenêtres. C'est bruyant, et l'on n'y voit goutte ; mais les poulets, y compris un coq octogénaire, sont excellents, et ce déjeuner comptera.

En tout pays, pour les pêcheurs, il n'y a pas de jour de repos. La Brenta est bordée d'hommes demi-nus qui fouillent le fond des anses avec une coiffe fixée au bout d'une perche. Ces hommes ne prennent rien, mais ils ne se découragent pas ; rien n'est obstiné comme un joueur. Voici dans les cabarets des barbus qui, la veste sur l'épaule, crient : *Cinque! sei! otto!* C'est le jeu de la mora. Leur voix s'y enroue, leur œil s'y enflamme : on dirait, non pas un divertissement, mais quelque sinistre brutalité.

Au delà, ce sont des étalages de pastèques ; tout autour, des riches qui se gorgent pour un liard, une populace qui contemple, des pouilleux à leur affaire. Plus loin une longue file de femmes qui, sorties de l'église, regagnent leurs hameaux. Toutes, jeunes et vieilles, ombragent d'une blanche toile leurs traits brunis ; le jaune, le rouge, éclatent dans leurs vêtements, et elles jasent ou folâtrent avec un bruyant abandon.

Ces dimanches-là sont certes bien différents des nôtres, mais pas plus médiocrement célébrés, malgré le tableau que je viens d'en tracer. Ces pauvres gens sont tous vêtus de leurs meilleurs habits; tous ont été à la messe, et si quelques-uns s'oublient étourdiment à jouer ou à boire, nul d'entre eux ne sait ce que c'est que l'incrédulité, le doute ou seulement l'indifférence à l'égard des choses saintes.

Les hostilités recommencent, et à propos d'arbres encore. C'est que voici les oliviers qui commencent juste à l'endroit où Vernon a apophthegmisé qu'ils doivent finir. L'olivier, a-t-il dit, s'arrête à vingt lieues de la Méditerranée ; ceux-ci ont franchi la consigne évidemment. Du reste, si, au point de vue de la salade, l'olivier est un estimable végétal, au point de vue du paysage c'est encore un arbre charmant, fin de feuille, capricieux de branchage, qui ne hante ni les déserts ni les potagers, mais qui, retiré avec ses frères sur les pentes abruptes ou dans les cantons écartés, y abrite le solitaire, ou y attire le passant fatigué. Et si ces petits drôles de mûriers d'hier rappelaient ces disciples d'institution dont l'esprit, ratatiné par la méthode Jacotot ou n'importe laquelle, s'est épanoui en phrases et a poussé en mots, ces oliviers d'aujourd'hui rappellent ces garçons élevés aux champs, dont l'intelligence noueuse est forte en sève et féconde en bons fruits.

Au coucher du soleil, nous sortons des montagnes, et voici, sans transition, un immense et plan horizon qui s'abaisse de toutes parts devant nous. Alors, de la terre le spectacle passe aux cieux ou flotte dans l'espace embrasé ; ici des nues amoncelées, là des flocons égarés. Tout près de nous, Bassano élève au-dessus des prairies ses terrasses de brique, ses tours crénelées et la ligne rasante de ses longues toitures. L'aspect de cette ville nous rappelle vivement celui que présente, au sortir du val d'Aoste, l'élégante apparition d'Ivrée.

C'est l'heure du cours. Les bourgeois endimanchés se promènent sous une allée de platanes au murmure des boiteux et des aveugles, qui, de la place qu'ils se sont choisie, déclament emphatiquement leurs misères. Plusieurs leur font l'aumône, aucun ne les brusque : partout, en Italie, l'état de mendiant est respecté. Mais dans l'allée extérieure, des élégants de café circulent en phaéton ou chevauchent à grand spectacle, tandis que des charretées de citadins, tout à fait revenus des vanités de jeunesse, se promènent en famille, humant le frais, jasant, regardant, digérant. Malgré la bizarre diversité des équipages, le bariolé des personnes et le comique des incidents, pas une de ces sociétés ne songe à rire de l'autre, et il paraît comme entendu entre ces bonnes gens que chacun s'amuse comme il peut et s'y prend comme il sait. Et puis, voulez-vous rire ? voici là bas des bouffes, des polichinelles ; c'est fait pour cela. Notre arrivée ne laisse pas que de faire sensation, surtout notre costume. Mais qu'on juge ce que doivent paraître, au milieu de cet endimanchement des habitants, nos blouses, nos pantalons, qui, dès Genève, n'ont connu d'autre lessive que les rincées du ciel. Cependant, soit linge blanc, soit d'ingénieux artifices de cravate, soit bonne mise et manières conformes, nul ne se méprend sur notre condition de gens comme il faut ; il nous est même arrivé dans quelques auberges d'être pris pour des Anglais. C'est fort cher.

Au surplus, ce qui fait le gentleman, c'est l'accessoire plus encore que le principal de la mise, et, à la tabatière d'un homme l'on connaît mieux quel il est qu'à son habit. Bien plus, il y a du goût dans le négligé, dans le chiffonné du vêtement extérieur, pourvu que le linge soit frais, le foulard riche, la cravate distinguée. A des conditions pareilles, il y a du goût dans la mise du campagnard quand, sous sa bure, reluit l'éclatante blancheur de sa grosse chemise, quand les oreilles de son ample et bon soulier sont bien tenues par des attaches de cuir proprement bouclées. Mais, au rebours, il y a défaut entier de convenance et d'agrément dans cette tenue toute d'extérieur qui procède uniquement de la coupe des habits et des arrêts de la mode, dans cette élégance vulgarisée qui s'achète aujourd'hui toute faite et qui se pose indifféremment sur le courtaud et sur le chef, sur l'homme de lettres et sur l'arracheur de cors aux pieds. A vous, liseur de plates gazettes et d'imbéciles prospectus, de vous extasier devant ce progrès humanitaire où viennent se perdre dans une menteuse uniformité, non seulement toutes les distinctions de condition et avec elles la sorte de dignité qui convient à chacune, mais encore ces traits d'individualité, cette physionomie qui varie d'homme à homme, et qui a ses signes expressifs dans la mise, dans le chapeau, dans la manche et dans les boutons de la manche. Encore si cette révolution dans le vêtement n'était pas le signe fidèle de cette révolution dans les esprits, qui les transforme tous insensiblement en unités semblables, en échos tous les mêmes d'un journaliste radoteur, en pièces toutes faites et toutes pareilles de cette machine qu'on appelle émancipation, civilisation, dix-neuvième siècle ! Et ne voyez-vous donc pas, humanitaires que vous êtes, que sous le char roulant de votre progrès trompeur, déjà le poète expire, l'art s'en va, le peintre, le dramaturge, le romancier, sont aux abois, faute d'un petit grain de passion à étudier autour d'eux, faute de types, de caractères, d'âmes non pas seulement diverses, mais nuancées; qu'au lieu de beaux livres vous avez des produits littéraires, une fabrication et une consommation, des Balzac et des Sand, une espèce humaine qui s'hébète, qui devient un troupeau, machine à faire du drap pilote ou à tisser du coton, comme les Egyptiens d'autrefois furent machines à creuser des canaux et à élever des pyramides? Ne voyez-vous pas votre société modèle qui, déshéritée de calme, de croyances, d'affections, affranchie de tous les liens d'enthousiasme, de respect ou seulement de déférence, de toute dignité, de toute résignation, de tout joug, se nourrit d'idées rebelles, travaille en jalousant, s'enrichit sans profit, déteste sa condition, ne compte ni sur elle, ni sur vous, ni sur Dieu même, mais sur des chances, sur des émeutes, sur des révolutions, sur des guerres, sur d'affreux et sanglants désastres?... Et puis, guérissez-la avec vos utopies pas même innocentes et morales, avec vos niais et impossibles systèmes, avec votre presse éhontée, avec votre menteuse égalité, avec votre hideux matérialisme!

Nous voici, à propos de bottes, bien en colère. Pardon, lecteur. A peine établis dans notre hôtel, nous le quittons pour retourner au cours, ceux d'entre nous du moins qui ne craignent pas d'y reparaître en costume de route. Pour les autres, ils font toilette; mais au moment où ils achèvent de mettre la dernière main à leur ajustement, voici la nuit qui tombe tout exprès pour les envelopper de son ombre. C'est fatal. A l'extrémité du cours, il y a un grand pavillon où affluent, autour des amateurs de sorbets, les musiciens ambulants; notre place, comme disent les gazetiers, y était marquée d'avance.

L'hôtel est tout endimanché aussi. Le maître est une

sorte de poitrinaire échevelé, tout en jabot et en nankin. L'hôtesse est une prima dona dans son costume de première représentation. L'héritier présomptif est un moutard extrait tel quel du journal des modes, une petite créature busquée, mousselinée, bouffante, qui se tient fort mal sur deux quilles en basin plissé. Cette petite créature obstrue les escaliers, occupe les galeries, gêne toutes les communications, et de son cerceau fait trébucher les pères de famille : sa place aussi est marquée parmi les *enfants terribles*.

Dans une vaste et magnifique salle, et au son des guitares, on nous sert somptueusement quatre assiettées pour vingt-deux. Nous allons nous coucher repus de musique et mourants de faim.

Un orcheste dans la campagne vénitienne. (page 155)

## VINGTIÈME JOURNÉE

Une journée encore sépare nos personnes de Venise, mais nos esprits y sont déjà arrivés, et nous marchons aujourd'hui plus occupés des lagunes où nous tendons que des objets qui nous entourent. Pourtant, à une heure de Bassano, force est bien de nous arrêter pour considérer une procession de pénitents, de femmes, de campagnards, qui marchent affairés, tumultueux et navrés, sans que nous sachions bien pourquoi. L'on dirait de gens qui reviennent en toute hâte de la noce pour éteindre leurs maisons qui brûlent.

Dès ici plus d'horizon lointain ; le regard se partage entre la route et le ciel, et cependant il y a encore un paysage qui présente d'exquis détails. Ce sont des haies fleuries et touffues, des arbres d'un feuillage sombre et d'une noble élégance ; tout à côté de soi, des fouillis ténébreux, des eaux mystérieuses, partout des profils de constructions élégantes, des murs de brique dont les accidents, la couleur, les bases minées, le faîte orné de lierre offrent mille sujets d'intéressants croquis. Mais il faudrait de bons yeux et des loisirs pour étudier ces gracieuses délicatesses du paysage vénitien ; aussi nous nous contentons de les admirer en passant.

En même temps la chaleur est extrême, le chemin poudreux, et ces eaux mystérieuses dont je parlais tout à l'heure ne sont au fond que des flaques à grenouilles. Pas plus que dans le Sahara l'eau vive ne jaillit du sol pour désaltérer le Bédouin et le réjouir de son murmure. Brûlés et haletants, nous atteignons Castelfranco, qui se trouve être un gros bourg composé d'une immense place publique, sans arbres, sans fontaine, sur laquelle le soleil darde à plomb des rayons dévorants. Pendant que notre déjeuner s'apprête, vite nous courons à la cathédrale.

Cette bourgade de Castelfranco, d'autres encore qui lui ressemblent, y passer, y déjeuner même, c'est tolérable ; mais y vivre pour nous serait affreux. Rien n'y rappelle nos habitudes, rien n'y répond à nos besoins, rien n'y sourit à notre façon de comprendre l'existence ; et, en vérité, il nous est arrivé de songer quelquefois que la captivité elle-même, dans notre ville natale, nous serait plus supportable que la liberté dans un pareil exil. Les maisons y sont immenses, ouvertes de toutes parts, sans trace d'asile domestique et retiré ; les gens y vivent debout, épars, s'entretenant bruyamment entre eux, ou s'isolant pour dormir à l'ombre ; les boutiques y sont des étalages de denrées, de vituailles, d'étoffes ; et nulle part un libraire, un marchand de papier, de meubles ou d'élégants ustensiles, aucun indice de ville intellectuelle, de vie de cité, d'art, d'aisance ornée. Ce n'est ni la solitude ni la société ; et pour ce qui est de ce commerce avec la nature, qui peut, à la rigueur, tenir lieu du commerce des hommes, il ne saurait exister ici, où la haie voisine, le mur prochain, suffisent pour masquer la vue des campagnes, où le sol, d'ailleurs, partout cultivé, ne présente nulle part de ces espaces librement visités, où, guidé par la trace foulée d'un sentier, vous allez chercher loin des habitations un calme indolent et rêveur.

Les famines recommencent. L'on nous sert, au bout d'une grande heure, le plus morne petit échantillon de déjeuner qui ait jamais contristé des affamés. Il est vrai que nous avons demandé du café au lait, mais uniquement parce qu'il n'y avait pas autre chose; or, pour le café au lait, rien n'égale la fabuleuse impéritie, la gaucherie pyramidale des Italiens. L'on dirait des sauvages de la mer du Sud à qui l'on aurait commandé des œufs pochés pour quatre.

Au sortir de Castelfranco, ruban prodigieux. Nous employons à le consommer trois grands quart d'heure. Heureusement, voici à l'autre bout un charcutier qui vend de la limonade. Vite on lui en commande un flacon. Pouah! quelle drogue! C'est du petit-lait tourné. Cependant, M. Topffer ayant ouvert sa tabatière, une belle charcutière y prend sans façon la prise qu'il allait s'offrir à lui-même. Après quoi, elle appelle le *piccolo* pour qu'il en fasse autant. Ce piccolo n'est autre que l'héritier présomptif des saucissons et du saindoux, un grand adolescent, de qui le nez précoce prise déjà à plein pouce et à tous venants. Devant cette charcuterie champêtre, et à l'ombre des platanes, des cochers boivent, des carrioles attendent, un aveugle mendie, des rosses échinées se chassent les mouches et secouent leurs grelots... Voilà tout composé, le tableau flamand, le tableau suisse, le tableau de Teniers, le tableau de Lesage, le tableau de tout pays, et toujours gai, récréatif, attachant, poétique même, quand, après avoir été bien étudié et spirituellement senti, il est ensuite rendu finement et avec vérité.

Encore un trait ici qui se perd. Pleurez, peintres;

romanciers! que votre cœur se serre! Qu'est devenue dans nos mœurs l'*hôtellerie,* ce théâtre si animé jadis des rencontres inattendues, des réunions improvisées, des aventures romanesques, et quelquefois des plus brillants dénouements? Que sont devenus ces muletiers qui s'y rencontraient, amenant sur leurs bêtes de gras prélats, des bacheliers folâtres, une timide et tendre dame dont la beauté frappait tous les regards, dont la mélancolie intéressait tous les cœurs, dont la grâce, retracée par un Cervantès ou seulement esquissée par un Lesage, encore aujourd'hui nous charme et uous rend amoureux d'un souvenir, d'une ombre vaine? Au lieu de cela, des hôtes fashionables, des sommeliers en frac, des voitures de poste, des voyageurs muets, affairés; plus d'aventures, plus de mouvement, de diversité, de naturel, de bonhomie; une rogue vanité, le genre, la mode, la vogue; et, à la place de cette héroïne qui, aussi pure qu'elle est éprise, franchit le seuil accompagnée de tendres vœux et entourée d'égards volontaires, des ladies empaquetées, de roides demoiselles qu'accompagne un laquais, qu'entourent des égards à prix fixe! Voilà ce qui nous reste, et bientôt la vapeur, bientôt les wagons, d'un bout du monde à l'autre auront balayé ces débris.

Aussi, romancier de nos jours, si tu es plat, commun, ignoble quelquefois ; si, au lieu de peindre, tu railles ou tu t'emportes : si, dégoûté de tout ce qui s'offre à ta vue, tu rebrousses dans l'histoire ou tu te retires, comme fait Sand, dans ta propre pensée, pour en étudier les fantaisies et pour en révéler les dérèglements; si, artiste sans passion, philosophe sans morale, femme sans sexe, tu ne sais créer que des types raisonneurs, des sages monstrueux, des héroïnes sans naturel et sans grâce, furies sans tendresse, *incomprises* à bon droit, est-ce bien ta faute? Je le crois, pour ma part; car des plus ingrats débris de mœurs, de sentiment ou de passion, il y a plus à tirer pour l'art que tu cultives que du sarcasme, de la doctrine, du type ou du monstre... Mais, j'en conviens, tu es excusable, puisque enfin ce n'est pas du peintre transi qui n'a sous les yeux que le branchage décharné des chênes d'hiver, qu'il faut attendre des tableaux de doux soleil et de riante feuillée.

Encore quelque chose pourtant se conserve de l'antique hôtellerie dans certains cantons de l'Italie. Outre ce concours d'oisifs et de flâneurs, de boiteux et de musiciens, outre ce pittoresque tumulte des vives couleurs, des voix expressives, des rires folâtres et des accents plaintifs, on y voit s'arrêter devant le seuil de l'auberge, tantôt une troupe de jeunes filles qui, pressées sur un chariot, font quelque folle équipée, — leur gaieté les trahit et leur rougeur les protège; — tantôt un moine, deux prêtres, un brillant cavalier; tantôt encore une grande dame qui semble fuir les lieux détestés, ou gagner secrètement quelque retraite enchantée. On y retrouve aussi, dans les petites villes, l'hôte de race, l'hôte à traditions, gros de l'endroit, avide et probe, discret à propos, secourable au besoin, maître, si son épouse le lui permet; personnage toujours le même chez les bons romanciers du vieux temps, toujours divertissant, à jamais regrettable!

Au coucher du soleil, nous entrons à Mestre; c'est de ce côté-ci le seuil de Venise. Point de lagunes encore, point de mer et pas de gondoles; nous nous étions figuré la chose tout autrement. Mais, à la place, une ville peuplée d'ouvriers de port, de pêcheurs, de gondoliers; une multitude pressée de jeunes filles, de vieillards, d'hommes basanés, qui, les jambes nues, la veste sur l'épaule, s'adossent aux piliers, stationnent sur les places, se groupent autour des spectacles en plein vent, et s'apprêtent au sortir des travaux du jour, à fêter l'heure du crépuscule et les fraîcheurs de la soirée. Notre troupe, qui survient, attire les regards et provoque les remarques de cette foule oisive. D'abord l'on ne devine point ce que nous pouvons bien être ; mais après que l'on nous a vus gagner l'auberge fashionable, après surtout que, du haut de l'impériale de notre omnibus et à la vue de tout le peuple, le cocher a remis à chacun de nous son havre-sac propre et bien conditionné, nous sommes définitivement proclamés *Inglese*.

L'auberge ici n'est pas de celle dont nous venons de parler. Point d'hôte ni d'hôtesse : des gérants seulement, qui font les affaires de capitalistes absents. Abominable système au demeurant, extrême et dernier échelon de l'hospitalité dégénérée. Ces gens sont là comme le cormoran, et aussi gracieux, uniquement pour fondre sur le poisson, mettre en poche et dégorger. Ils nous font payer à prix d'or le droit de franchir leur seuil ; après quoi ils recommandent au cuisinier de nous bien affamer ; puis, retournant à leur fainéantise, ils ne s'occupent pas plus de nous aujourd'hui qu'ils ne s'en occupaient hier à pareille heure.

Dès que nous sommes installés, M. Topffer fait partir David pour Venise, avec l'ordre d'y retenir des logements dans quelque hôtel bien situé, et d'y commander notre déjeuner pour demain à neuf heures. Nous allons ensuite reposer nos personnes sur le grand balcon de l'hôtel, et aussitôt, de la place, tous les regards se dirigent sur nous. Spectacle pour spectacle, nous sommes les mieux partagés. Dans cet instant, en effet, le soleil, sur le point de disparaître derrière les lignes basses qui bornent l'horizon du côté de Fucine, empourpre de ses derniers feux le dessous des branchages, le faîte des bâtiments, le marbre des coupoles ; et tandis qu'au loin nous voyons les champs pâlir et la nature s'assoupir dans un repos solennel, ici, dans la rue, c'est le réveil, le mouvement, la gaieté, le tumulte, des cris, des chants, des spectacles. Tout à la fois, et à quelques pas les uns des autres, un petit marchand proclame à plein gosier les vertus et le prix de ses rations de de cervelas ; à droite, un tragique prête sa voix de stentor à de petits héros de bois qui sont Attila et ses Huns : le carnage est affreux ; à gauche, Arlequin protège l'innocence à grands coups de batte ; plus loin, Polichinelle nasille l'impénitence, bat sa mère, étrangle son juge, pend son bourreau, tant et tant que le diable s'en mêle et l'emporte à son tour. Et pendant que tous ces personnages, jaloux chacun d'attirer de son côté l'honorable public, crient, se démènent, frappent à l'envi, comme au milieu d'une tranquille assemblée de dilettanti, un virtuose de carrefour roucoule les tendresses d'Almaviva, un vieillard impassible tourne la manivelle de son orgue, et une maladive et délicate enfant accompagne de sa mandoline une mélancolique ballade. Mais, chut ! là-bas vient de se former un orchestre qui fend la foule, pousse droit au pied du balcon, s'y balaye une place, salue jusqu'à terre et se donne le *la*... C'est pour les *Inglese*...

Cet orchestre est impayable, normal, caractéristique. Deux femmes, l'une jeune et fière, l'autre grosse mère à la fois rogomme et orientale, y tiennent la guitare ; une sorte d'horloger ruiné, coiffé d'une casquette de l'autre monde, y souffle débilement dans une clarinette aigrie ; un de ces vieillards de place publique revenus de tout, excepté de la bouteille, y symphonise stoïquement sur le boyau desséché d'un squelette de violon ; puis un seigneur alto, frais, réjoui, dans sa fleur, avec la plus comique prestesse, du dos salue, du pied aligne, du coude enfonce, du sourire approuve aux bons endroits, et d'un bravo, d'un bravissimo, couvre, écrase les mauvais. Et le plus gai, c'est que ce brave homme, parfaitement convaincu de l'humble médiocrité de son orchestre, n'aspire, par ses comiques formalités, qu'à remplacer pour nous un douteux plaisir par un spectacle divertissant, aux fins de rendre nos cœurs indulgents et nos bourses généreuses. Nous rions aux éclats, la musique cesse, et les sous pleuvent.

Cette soirée de Mestre nous laisse un vif et brillant souvenir. Plus qu'à Venise même, plus que nulle part dans notre voyage, nous avons surpris ici le peuple italien tel que l'ont fait ses institutions, ses malheurs et son climat : désœuvré, pauvre, poétique, avide de gaieté, de plaisir et de fête, oubliant avec une merveilleuse facilité, en face d'Attila qui hurle ou de Polichinelle qui nasille, le naufrage de sa fortune et les misères de sa destinée.

La douane à Venise. (page 157)

## VINGT ET UNIÈME JOURNÉE

Nous nous embarquons de bonne heure. La radieuse sérénité de l'air, la nouveauté des impressions, l'approche du plaisir, et, en attendant, cette paresseuse navigation sur une mer enchantée, tout concourt à nous jeter dans un doux enivrement de joie. Plus tard, sans doute, nous apprendrons à connaître ces molles béatitudes de la gondole, ce bercement insensible où s'endorment les agitations, où se calme la joie elle-même, où l'âme tout entière s'assoupit dans les douces langueurs d'un aimable rêve; mais, pour l'heure, nous cherchons de nos grands yeux ouverts où est Venise, inquiets presque, après une demi-heure de navigation, de ne la point voir encore. Au lieu de Venise, c'est une douane insulaire qui visite nos hardes et nous réclame des droits; plus loin ce sont des mendiants de mer qui courent d'une gondole à l'autre, quêtant pour la Madone et pêchant pour les saints; voici sur la droite, une poudrière insulaire aussi, et un factionnaire posé comme une quille sur l'angle du bastion. Cet homme, s'il a des goûts excessivement contemplatifs, doit goûter là le parfait bonheur, et, pour peu qu'on oublie de le relever, il en est quitte pour gagner la terre ferme à la nage et sans mouiller son fourniment. Au delà d'îlots terrassés et de plages nues, on aperçoit une grève lointaine qui court se perdre à l'horizon. C'est la côte.

Mais bientôt, à l'opposite, et derrière une gaze de brume azurée, des coupoles, des minarets, des dômes d'or, des faîtes de palais, toute une féerie d'édifices qui s'étendent à perte de vue sort insensiblement du sein des eaux et paraît flotter à leur surface. Emerveillés à cette vue, nous saluons d'un triple hourra la reine de l'Adriatique, et d'une gondole à l'autre nous nous complimentons joyeusement sur ce que ce mot de désir, et de découragement quelquefois : Voit-on Venise? a trouvé enfin, grâce à nos persévérants efforts, une digne et péremptoire réponse.

Toutefois, et les poètes l'ont remarqué, rien ne sied mieux à la beauté qu'une gaze légère. A mesure que nous approchons, la féerie décline, le fantastique s'en va, des murailles se montrent qui ressemblent fort à des murailles; l'on ne voit plus de près que de longs bâtiments uniformes, percés de jours étroits, et un sale canal où s'engage notre flottille. Une eau verte et croupissante y lave les fondations noircies de masures désertes; point de bruit, point de vie; à peine quelques familles hâves de fièvre et rongées de misère habitent ces décombres encore debout. Ainsi, dès l'abord, le murmure des chants amers de Child-Harold résonne au cœur, et l'on reconnaît avec tristesse que la belle Venise n'est plus qu'une reine expirée, dont on vient admirer le magnifique linceul.

De ruelle en ruelle, nous arrivons au grand canal. Ici, la scène change soudainement. C'est le bruit, c'est le mouvement, plutôt encore que l'activité ; une population de mariniers et de portefaix qui stationnent sur l'étroite chaussée, ou qui sont occupés de quelque chargement ; des adieux des reconnaissances, des agaceries, qui vont s'entre-croisant des gondoles au rivage et du rivage aux gondoles. Dès que les nôtres ont été aperçues : « Hôtel de l'Europe ! » nous crie-t-on de vingt endroits à la fois ; et ainsi nous savons notre gîte longtemps avant que David ait pu nous joindre et nous faire avertir. C'est qu'un étranger n'entre pas à Venise que vingt, que cent gondoliers ne l'aperçoivent, n'épient ses démarches, ne s'enquièrent de ses projets, dont chacun exige nécessairement le concours de leurs services ; et David a eu beau entrer dans Venise seul, et de nuit, toute la gondolerie est déjà au courant de nos affaires. C'est là une police incomparable et toute trouvée, qui a dû rendre jadis d'immenses services à l'oligarchie vénitienne.

Sur les bords du grand canal, l'architecture étale toutes ses magnificences. C'est, des deux parts, une série continue de palais, les uns massifs, splendides, grandioses ; les autres simplement ornés d'arabesques capricieuses, d'ogives moresques, de colonnades légères ; partout un goût composite, et, sinon pur dans le sens qu'entendent les doctes, exquis du moins, varié, pittoresque, libre, exprimant à la fois et l'âge de l'édifice, et la condition du maître, et la fantaisie de l'architecte. Point de ces longues enfilades de bâtiments assujettis, de par une pédante municipalité, à être tous uniformes et pareillement alignés : système froid et de fausse grandeur, où rien des mœurs du pays, rien des êtres domestiques ne se peint dans le décor de la façade, dans l'arrangement des ailes et dans la physionomie des balcons ; où la pensée individuelle de l'architecte, son savoir, son génie, ses caprices d'élégance ou de grâce, sont brutalement sacrifiés à une prétentieuse régularité et aux insipides merveilles de la symétrie. Ici tout est inégal, irrégulier, divers; et, chose admirable, rien n'est discordant. Ornements, corniches, moulures, cintres, entablements, colonnades, tout s'ordonne, tout vient se fondre en une harmonie riche, animée, somptueuse, et qui serait entière aujourd'hui encore, sans les outrages qu'a reçus de la destinée, bien plus que du temps, cette cité malheureuse. En effet, les sculptures extérieures de plusieurs palais ont été enlevées et vendues à des étrangers par leurs propriétaires devenus indigents; d'autres, inhabités et déserts, offrent aux regards les tristes vestiges de l'abandon et du délabrement; quelques-uns, transformés en magasins ou en écoles, portent sur leur fronton, ou au-dessus de leur porte, l'écriteau autrichien, signe de déchéance et d'esclavage.

Cependant nous cheminons avec une merveilleuse rapidité. A peine vient d'apparaître en face de nous le Rialto, ce chef-d'œuvre des ponts ornés, que déjà nous entrons sous les ténèbres de sa large voûte pour aller déboucher plus loin dans une mer ouverte où, tournant à gauche, nos gondoles viennent heurter doucement les degrés d'un superbe palais. C'est notre hôtel. Ainsi David, en majordome intelligent, nous a logés dans la plus belle situation de Venise. En face, une mer couverte d'embarcations, des îles chargées d'édifices, la splendide immensité du ciel : voilà pour notre ordinaire. A deux pas, les quais, la Piazetta, le palais du Doge, Saint-Marc et le café Florian : voilà pour nos loisirs et nos fêtes. Comme nous avons fait toilette à Mestre, il ne s'agit plus que de déjeuner, et, pour ne point perdre de temps, nous arrêtons durant le repas le programme de nos divertissements. D'emblée, et sur la proposition de M. Topffer, il est décidé que cette première journée on l'emploiera tout entière à flâner, à s'aller perdre, à parcourir sans le boulet d'un cicerone, et jusqu'à ce que la terre nous manque, tous les quartiers et les recoins à notre portée. Ainsi en effet, et ainsi seulement, voir devient un piquant plaisir ; ainsi seulement l'esprit observe activement des objets qui lui apparaissent avec toute leur fleur de nouveauté, et, au lieu de se laisser sottement confisquer au profit des musées et des sacristies, il se prend librement à ce qui l'entoure, à ce qui se présente, à ce qui lui plaît, et au simple plutôt encore qu'au phénomène, au vivant plutôt qu'à la momie. Cette méthode nous réussit.

Perdus dans d'étroites ruelles bordées d'étalages surchargés, nous coudoyons, nous sommes coudoyés, jusqu'à ce que l'espace s'élargissant, nous venions tomber droit sur la place Saint-Marc. La place du Dôme à Milan nous parut autrefois bien splendide ; mais ceci ! quelle nouveauté ! quelle majestueuse bizarrerie, quel ensemble d'orientale somptuosité et d'austérité massive ! Ce portail étoilé, ces quatre chevaux de bronze, ces fines ogives, ces dômes lourds, l'or, l'azur, la foule, des pigeons par milliers, certes, c'est là de quoi causer l'ébahissement du provincial, même des badauds de capitale ; aussi ne nous gênons-nous en aucune façon d'être émerveillés et ravis. Faisant ensuite le tour de cette vaste place, nous trouvons qu'à droite elle s'ouvre sur la Piazetta, qui s'ouvre elle-même sur la mer. Là surtout plane le glorieux souvenir de l'antique Venise ; là surtout le cœur se serre à la vue de ce lion jadis formidable, de ce colossal palais du Doge, monument d'inouïe prospérité ; de ces flots où, à la place des fiers navires qui revenaient naguère chargés des produits des deux mondes, l'on voit, qui pourrit sur ses ancres, une vieille frégate, sentinelle de l'Allemand, gardienne suffisante de ces gondoliers sans patrie et de cette cité sans nation !

Il faut, en vérité, excuser la tourbe des romanciers et des poètes qui, sur ce thème de Venise déchue, ont composé tant d'insipides variations, auxquelles nous nous efforcerons de n'ajouter pas la nôtre. L'empreinte du passé est si fortement marquée dans cette ville, tant de morne majesté y frappe encore les yeux, de si visibles traces d'une regrettable splendeur y assiègent de toutes parts l'esprit, que l'homme le plus froid, et à plus forte raison l'homme sensible par métier, le romancier, le poète, remués qu'ils sont réellement par ces spectacles, peuvent bien facilement se croire visités par la muse, et, rentrés à l'hôtel, laisser pleurer leur phrase ou s'apitoyer leur strophe. Pourtant, il y aurait mieux à faire peut-être, et l'étude de la Venise actuelle, où, comme au désert, le sable envahit l'oasis, où se heurtent à chaque pas les restes du passé et des lambeaux du présent, où, tout au travers de l'insoucieuse joie d'une populace de gondoliers et de chanteurs, se croisent les intrigues de cloîtres, celles de la politique et celles de l'amour; cette étude, ce nous semble, serait propre à inspirer des pages piquantes et d'attachants tableaux, si aujourd'hui, pour peindre, l'on se croyait obligé de connaître, et, pour exprimer, tenu d'avoir senti.

De la Piazetta nous rebroussons chemin pour aller nous perdre dans les petites rues qui forment le cœur encore vivant de Venise. Non, rien de ce qui se voit, dans les églises, rien de ce qu'on admire dans les palais ne vaut en intéressante et originale nouveauté cette fourmilière de gens, ce labyrinthe de canaux, ces constructions entassées, cette multitude de ponts chargés de passants, et sous lesquels fuient silencieusement d'élégantes gondoles. Il y a là tout un monde de réalités piquantes, de souvenirs augustes, de contrastes mélancoliques, et, pour l'artiste, des trésors de formes, de coloris, d'étude : de toutes parts, en effet, des façades accidentées, des frises, des voûtes, des écussons, des bouts de corniche, ou d'une grâce exquise, ou d'un fruste attrayant; partout des groupes tout composés, des figures imaginées exprès pour lui ; et tandis que dans ces étroites rues le sommet des édifices réfléchit les clartés adoucies du dehors, leur base, enveloppée dans une ombre limpide, va se perdre sous cette onde noire des canaux, où, tantôt pressées, tantôt solitaires, les embarcations s'approchent, fuient, s'éclipsent, comme de mystérieux fantômes. Toutes les gondoles sont noires.

Une fois perdus, nous le sommes bien ; il n'y a plus que le fil d'Ariane qui puisse nous tirer de là, lorsque, bien heureusement, nous imaginons d'y suppléer en demandant aux passants où est le café Florian. Le café Florian, un café qui réunit tous les soirs jusqu'à cent, jusqu'à mille personnes, un café qui ne s'est pas fermé depuis cent ans, et connu dans Venise comme l'est chez nous la tour de Saint-Pierre : chacun de nous mettre dans la direction, et nous d'y tomber tout droit. O le merveilleux établissement ! ô la royale industrie ! C'est sur la place Saint-Marc : chaises, tables, tentures, sorbets, bonbons, limonades, tout est prêt à toute heure, et pour autant de particuliers qu'il en arrive. D'un coup d'œil le garçon a enregistré vos trente-six fantaisies, et d'un tour de main il fait surgir devant vous des échafaudages de gâteaux croquants et de boissons glacées. L'un de ces garçons, doué évidemment de cette exquise pénétration qui, d'un regard sonde les bourses et lit dans les appétits, nous prodigue des attentions discrètement flatteuses, tantôt prévient, tantôt éclaire nos désirs, et se trouve être, au bout de peu d'instants, notre ancien et fidèle ami. Après que nous nous sommes rafraîchis, bien vite nous retournons nous perdre, mais prudemment cette fois, et comme font des gens qui veulent à heure fixe se trouver autour d'un bon dîner. La chose réussit.

Pendant cet admirable repas, le ciel s'embrase peu à peu des feux du soir, et cette mer qui est sous nos fenêtres, prend insensiblement une teinte d'azur légèrement rosée, dont le riant et pur éclat se reflète dans l'âme en secrète et sereine allégresse. En même temps tout se ranime sur les flots, et, autour des bâtiments plus gros qui stationnent çà et là, pittoresquement ombragés de lambeaux de voiles et de nattes dressées, d'innombrables gondoles circulent avec une charmante prestesse. Cette embarcation, particulière à Venise, est une sorte de longue et basse péniche, dont le centre supporte un petit pavillon fermé de jalousies qui abrite un divan commode. A l'avant la proue se redresse en une plaque de métal, dont la forme, comme celle du col de cygne, est élégante et fière, tandis que sur l'arrière un seul homme, debout, et comme suspendu sur l'extrême rebord de la poupe, d'une rame simplement posée sur une grêle pièce de bois taillée en chevalet, fait voler la galère, la dirige avec une habile témérité sur les étroits passages, tourne les obstacles, rase, franchit, esquive, jamais ne s'arrête, jamais ne heurte et semble n'être lui et sa gondole tout ensemble, que le plus agile dauphin de ces parages. L'on s'habitue sans doute à ne remarquer plus tant de délicate adresse et d'audacieuse précision; mais, pour l'étranger, c'est un constant sujet d'amusante surprise. Et, telle est la confiance qu'inspirent de si habiles mariniers, qu'après avoir pu craindre cent fois un très désagréable naufrage, on finit bientôt par s'abandonner en toute sécurité aux prestes évolutions de l'intelligent brin de paille auquel l'on vient de confier sa fortune.

A la même heure, et aussitôt que les fraîches haleines du soir sont venues tempérer l'ardeur déjà attiédie du couchant, de l'intérieur des rues étroites, du fond des demeures et des comptoirs, la foule se porte sur le quai des Esclavons, qui borde cette mer sillonnée de gondoles, et nous-mêmes, après notre repas, nous allons en grossir le flot. Là, sur les dalles encore brûlantes, une multitude de petits marchands dressent précipitamment leurs échoppes, leurs pyramides de pastèques, leurs cafés en plein vent ; des boiteux, des aveugles, de jeunes mères qui portent leur nourrisson et qui traînent après elles leurs aînés, accourent, implorent, se hâtent d'émouvoir, les uns par l'instance pitoyable de leurs prières, les autres par le spectacle étalé de leur morne détresse ; des soldats, des moines, des Arméniens passent affairés, ou se promènent indolemment, tandis qu'assis à l'ombre des piliers du palais ducal, des citadins fument leurs pipes, lisent la gazette ou assistent, tranquilles et rêveurs, au bruyant tumulte de cette pittoresque scène.

A l'extrémité de ce vaste quai, une large rue s'ouvre sur notre gauche ; nous y entrons. Elle est pareillement remplie de peuple et d'étalages irrégulièrement dispersés ; étendu de tout son long au beau milieu de la voie, un jeune gars y dort à côté de trois poules effarées, qui composent tout son fonds. C'est que, dans une ville comme Venise, où il n'y a ni voitures ni chevaux, l'alignement des échoppes n'étant plus de nécessité, chaque petit vendeur s'établit librement à l'endroit de la voie qui lui convient, et plusieurs, qui n'ont point d'échoppe, se contentent de poser leur marchandise à terre et de s'endormir tranquillement auprès. A l'acheteur de faire le reste. De là une incomparable variété de groupes, qui sont animés et expressifs par tous leurs côtés, au lieu d'être aux trois quarts noyés dans l'uniformité obligée d'un alignement régulier. Pendant que nous cheminons, un jardin public planté de beaux arbres se montre à notre droite ; ce ne peut être que ce Lido tant célébré des touristes poètes : à nous d'y faire aussi notre pèlerinage ; à nous d'y être à notre tour enivrés de brise du soir, d'historiques réminiscences, de poétiques émanations, jusqu'à ce que, sortis de ce séjour, nous ayons appris que le Lido est fort éloigné de l'endroit où nous venons de goûter de si pures jouissances. C'est égal : autant de pris.

Sur ces entrefaites, la nuit tombe, et M. André nous

entraîne de nouveau sur la place Saint-Marc, où il nous a conviés à venir prendre le café pour ce jour-là et pour les jours suivants. Combien cette plage a changé d'aspect! Ce matin, la foule s'y portait tout entière sous l'ombre des galeries qui en forment le pourtour ; ce soir d'innombrables chaises, dont les premières rangées s'appuient au seuil des cafés, l'ont envahi jusqu'au centre, où, dans un espace laissé libre, la musique des régiments autrichiens est disposée autour d'un cercle de lutrins illuminés. Venise est là, qui, avilie et charmée, écoute les fanfares de ses vainqueurs ; et, tandis que les pâles lueurs du firmament éclairent de douteuses clartés les coupoles du Dôme et le faîte des palais, de dessous les galeries les feux scintillent, et forment comme la bordure d'or qui brille au bas d'une sombre et majestueuse tenture. Qu'est le luxe, même celui des cours, auprès de ces splendeurs? Et si chez les Vénitiens eux mêmes l'attrait de ces soirées prévaut, pour les y attirer, sur la mollesse des habitudes, sur l'abattement des âmes, sur la souffrance des souvenirs, que l'on juge de l'impression que doivent produire sur nous autres Scythes ces merveilles accumulées des siècles, de l'art, de la nature, et du plus suave, du plus radieux des climats !

Pour nous, semblables aujourd'hui à ce spectateur de théâtre qui, le drame joué, ne saurait plus dire les visions dont avant le lever de la toile se berçait son imagination impatiente, s'il nous est impossible, à la vérité, de ressaisir cette image que nous nous étions faite de Venise avant d'y avoir été, et qui se composait de mille traits empruntés à l'histoire, aux poètes ou au babil de la renommée, nous sommes certains du moins que, cette fois, la réalité, en trompant notre attente, ne l'a pas déçue, et que le souvenir que nous avons emporté de cette belle cité a bien plus d'éclat, bien plus de grandeur et de poétique attrait que n'en eurent les songes, brillants pourtant, où elle nous apparaissait à l'avance. Bien plus, après y avoir passé trois jours d'une fête continuelle, c'est moins par la réminiscence du plaisir que notre cœur s'y est de plus en plus attaché, que par cette sorte de mélancolique affection, de savoureuse amertume, que provoque le spectacle d'un déclin anticipé, d'une grande et irrémédiable infortune. Peut-être aussi quelque sinistre pressentiment nous fait-il redouter pour de plus humbles républiques un anéantissement pareil, surtout si, quand la liberté y unissait naguère les citoyens, c'est aujourd'hui un esprit de jalouse équité qui les divise; si, naguère amarrées au tronc nerveux des traditions antiques, on les voit aujourd'hui délier le câble, quitter l'anse tutélaire, et s'abandonner à l'impétueuse rapidité des courants aveugles.

Après quelque séjour sur cette place, nous nous rendons au théâtre, où l'on joue *le Barbier de Séville;* puis, rentrés au logis, le calme, la vue des flots, et aussi ce doux ébranlement du plaisir qui écarte le sommeil des paupières, nous retiennent bien avant dans la nuit sur les balcons de l'hôtel.

Marchandes de la rue à Venise. (page 174)

## VINTG-DEUXIÈME JOURNÉE

Aujourd'hui, hélas! cicerone. Celui dont nous allons jouir est une sorte de particulier rauque et bilieux, un ancien homme de lettres déchu, râpé, aigri, de qui la visible misanthropie contraste assez drôlement avec la profession qu'à coup sûr il ne s'est pas choisie, celle de servir les plaisirs d'une espèce humaine qu'il déteste. Impatient de commencer sa besogne, impatient de la terminer, ce malheureux n'aspire qu'à avoir accompli son supplice quotidien; et, quand le fond ténébreux d'un antre sauvage semblerait seul devoir convenir aux amertumes de son âme en peine, il lui faut à toute heure naviguer en plein soleil, fendre la foule joyeuse, subir les questions étourdies du touriste et le babil enjoué des ladies. Pauvre homme! il n'a qu'un bon moment : c'est le soir, lorsque, tenant enfin son salaire, il voit s'ouvrir devant lui quinze heures assurées de solitude, de ténèbres, de malédiction interne contre les touristes, les ladies, le ciel, la terre et lui-même.

Notre déjeuner se prolongeant, cet aigri s'en irrite ; il est déjà tout violet d'apostrophes rentrées. Pour lui complaire, nous nous embarquons sur une flottille de gondoles, et nous voilà voguant vers les merveilles étiquetées d'itinéraire. Tous, nous songeons que ce qu'il y a de plus merveilleux dans chacune, c'est l'histoire d'y aller, et surtout d'en revenir. Et en effet, outre que chef-d'œuvre sur chef-d'œuvre c'est indigeste, lorsqu'on vient de passer une demi-heure à regarder en l'air dans l'entonnoir d'une coupole, c'est avec une bien légitime satisfaction qu'on s'étend sur les coussins d'un divan. Durant ces courses, notre aigri s'assied à la proue ; et là, ouvrant son parasol, il cuve en silence le fiel de ses dégoûts.

Nous débarquons d'abord à l'église San-Georgio. A vous, lecteur, de lire dans quelque itinéraire les belles choses que nous y avons vues, car il ne peut entrer dans notre plan de vous les décrire, et nous y serions, au surplus, fort embarrassé. Cette église est l'un des chefs-d'œuvre de ce puissant architecte dont le génie est empreint dans la plupart des grands édifices de Venise, de Palladio. On y voit des Tintoret, on y voit, surtout dans le chœur, des sculptures en bois qui sont bien tout ce que le goût, l'invention, la fantaisie, peuvent offrir aux yeux de plus richement exquis. Les Tintoret ne sont guère portatifs, et à la rigueur l'on peut s'en passer ; mais n'avoir volé qu'une des figurines qui décorent les niches de ce chœur, c'est là une vertu majuscule qui nous sera certainement comptée. Et la tentation est d'autant plus forte, que, de ces choses, il ne s'en fait plus. Cet art si gracieux, si vif, si propre au décor familier et de détail, il est mort, enterré ; nous, dix-neuvième siècle, nous, humanité avancée, nous en sommes à payer bien cher les plus modestes bahuts du moyen âge. C'est que nous fabriquons bien, mais nous n'inventons plus ; nous faisons bien des moules qui multiplient indéfiniment un produit, mais nous n'imaginons plus ; et nos créations elles-mêmes ne sont que des reproductions matérialisées du beau de la Renaissance. du beau grec, ou encore du beau de Louis XV, impur ce dernier, mais qui nous va au même titre que les autres, parce qu'il est tout fait, tout inventé. Voilà en quoi consiste notre progrès. Il a ses bons côtés, sans doute ; il a ses amis aussi, et toutefois nous mourrons, je le crains, avant d'avoir eu la douceur d'en grossir le nombre.

En effet, cette impuissance de création qui se révèle de plus en plus chez quelques nations avancées par excellence, cette multiplication de produits artistiques qui croît chez elles en raison directe de la stérilité de la pensée et du déclin de la poésie, sont, à nos yeux, sinon une preuve manifeste, un signe du moins, et un signe énergique que ce progrès est faux et batard. Partant, non pas même des leçons de l'histoire, mais seulement de la nature de l'homme telle qu'elle nous est connue, nous n'imaginons pas, pour des sociétés d'hommes, de développement complet et heureux en même temps, dès que la tendance essentielle de ce développement est de méconnaître de plus en plus, pour les rayer bientôt du rôle, les besoins de l'imagination, le penchant instinctif de l'idéal, la poursuite et le culte du beau. Nous n'imaginons pas qu'aucune chance de félicité et de grandeur soit assurée aux nations qui vont délaissant de plus en plus l'idée pour la forme, l'intelligence pour le procédé, le sentiment pour la convention, le plaisir moral pour le physique bien-être ; et nous ne savons voir dans ce progrès tant vanté que la tranquille mais effrayante invasion du matérialisme social. C'est assez pour que nous ne puissions l'aimer et pour que nous en osions médire.

De l'église San-Georgio, nous naviguons vers l'église du Rédempteur. A chaque lieu de débarquement, on trouve invariablement deux ou trois gueux qui se disputent l'honneur de poser sur le rebord de votre gondole un officieux bâton crochu, sous prétexte de la maintenir pendant que vous mettez pied à terre. Autant d'occasions pour le touriste de montrer qu'il sait reconnaître de généreux services. Après quoi il entre dans l'église, dans le chœur, dans la sacristie ; puis il sort de la sacristie, du chœur, de l'église ; autant d'occasions encore. Le voilà transformé en fastueux, qui comble de largesses tout un peuple de faméliques. Beau rôle, mais coûteux. Dans cette église du Rédempteur, on admire de belles toiles de Bellini, le maître du Titien, et des châsses étincelantes.

De cette église nous passons à celle de Saint-Sébastien. Ici, de dessous l'abri du portail, une troupe de mégères, effrayantes de maigreur et farouches d'avidité, s'élance sur nous, rompt nos rangs, et nous assiège d'instances à brûle-pourpoint. C'est le cas d'être bien vite fastueux. Dans cette église, l'on voit des chefs-d'œuvres de Paul Véronèse, et l'on en voit trop : ils se nuisent l'un à l'autre. Aussi déjà l'indigestion s'en mêle, et ce monotone pèlerinage de nef en nef commence à nous paraître un temps dont nous pourrions user plus agréablement. Pourtant nous nous laissons conduire encore à l'église des Scalze ; la porte en est fermée, et le sacristain est à boire. Vite on court le chercher ; mais au lieu de l'attendre, M. Topffer déclare au cicerone qu'il faut aller à Murano visiter les fabriques de verroterie. Nous voguons vers Murano.

Nos gondoliers sont jeunes, rieurs, en train de folâtrer. Ils se mettent à lutter de vitesse dans ces canaux étroits, sans qu'aucun des gondoliers, dont ils rasent les embarcations, songe à craindre pour sa cargaison. Bien plus, obligés qu'ils sont, dans la rapidité de leur course, de faire place à d'autres ou de ne pas se heurter entre eux, du bout de la rame ils parent à tout, et se trouvent voler tantôt de front, tantôt de file, sans autre entente que ce commun accord qui résulte de l'adresse intelligente des lutteurs. Seulement, partout où les canaux se croisent en sens divers, ils ralentissent leur marche, et font entendre un cri destiné à avertir tel gondolier qui ne les voit pas encore. Sans cette précaution, à chaque instant les gondoles embrocheraient ou seraient embrochées, et l'histoire d'être confortablement étendu sur un divan n'empêcherait pas le passager d'avoir le dos scié par cette armure de métal qui se dresse à l'avant des gondoles. De lutte en lutte nous nous trouvons de nouveau dans cette mer ouverte, au travers de laquelle nous sommes venus de Mestre, et au bout d'un quart d'heure de navigation nous abordons à Murano. Crochets, gueux, cicerones officieux, pullulent, et des perles de quoi verroter les sauvages des deux hémisphères. Ceci vu, nous nous hâtons de regagner Venise, et, passant cette fois sous le pont des Soupirs, nous venons prendre terre à la Piazetta, tout à côté de l'escalier des Géants, qui est notre chemin direct pour pénétrer dans le palais du Doge.

La magnificence intérieure de cet édifice répond à la splendeur extérieure de Venise. Merveille d'architecture et de sculpture, décors de toute espèce, salles immenses, passages d'apparat et issues secrètes, prétoires d'or et cachots affreux : on retrouve là, intacts encore, tous les vestiges de la grandeur, de la force, de l'active ambition; ceux aussi d'un faste corrupteur et d'une tyrannie jalouse et implacable.

Les chefs-d'œuvre des peintres vénitiens abondent aussi dans ce palais, et, si nous l'osons dire, nous n'avons pas été bien vivement séduits par les mérites de cette illustre école. Une exécution savamment hardie, une prodigieuse puissance de composition, toutes les richesses et tous les prestiges de la couleur : voilà quelles sont les grandes qualités qui y prédominent, à l'exclusion de l'intention poétique, de l'expression étudiée de la forme, surtout de ce sentiment sévère qui, pénétrant au delà de la vivante surface des visages, va saisir au fond des âmes, pour l'amener palpitant sur la toile, le drame de foi ou de passion dont il aspire à représenter l'image. C'est ainsi du moins que nous nous expliquons pourquoi telle pâle figure du Pérugin nous a plus vivement frappé que n'ont pu faire ceux des chefs-d'œuvre de l'école vénitienne, que nous avons eu l'occasion d'admirer du temps de notre court séjour à Venise.

Il fait très chaud, et le café Florian n'est pas éloigné. Nous allons y faire une halte rafraîchissante, avant de visiter l'intérieur de l'église Saint-Marc, le plus intéressant des édifices de Venise. L'antiquité, l'Orient, l'Occident, chacun des triomphes de la république, ont apporté à ce temple, ou un tribut de magnificence, ou quelque rareté conquise sur les infidèles : l'architecture y est de tous les âges, de tous les styles, mais bysantine d'ensemble, imposante d'antique majesté, et, pour nous, d'une frappante nouveauté. Le parquet y est bossué comme seraient les ondes agitées d'un lac. Cela fait ressouvenir, au milieu de ces riches parvis, de ces sables submergés où jadis des pêcheurs et des pirates posèrent les premières cabanes de Venise.

Après dîner nous allons, comme le jour précédent, passer notre soirée sur la place Saint-Marc. Même spectacle et même affluence; mais, au lieu de la musique autrichienne, ce sont de toutes parts des musiciens ambulants, quelques-uns passables, d'autres divertissants. Pendant qu'assis au frais, les groupes fashionables écoutent ou s'entretiennent, des légions d'industriels sortent de dessous terre. Celui-ci entend que vous lui achetiez un tour de perles, cet autre vous met des pantoufles sous le nez, un instant après des cure-dents, un cigare, un bouquet, des clous de girofle, de la poudre à moustaches, du caramel, des fulminantes, un petit chien... Bientôt, ma foi, sous peine de ne plus savoir où donner de la tête, nous nous laissons faire, à l'instar des Vénitiens, et l'industrie nous assiège, nous obsède, sans que nous y prenions garde.

———

Une gondole vénitienne. (page 172)

## VINGT-TROISIÈME JOURNÉE

Tout n'est pas pour le mieux dans le plus radieux des climats. Ce matin, la plupart d'entre nous, en se regardant au miroir, se prennent pour un autre, tant leur visage est tacheté, bouffi, désharmonisé par la piqûre des cousins!

Notre aigri est à son poste. Nous lui demandons de nous conduire à l'arsenal. Cela le contrarie; car dans *la Venise en huit journées,* de Quadri, l'arsenal aurait dû venir hier. Il ne peut, toutefois, que se conformer à nos désirs, et le voilà qui, amer et râpé, se met à notre tête. Les marchands d'accourir sur leur seuil, pour voir passer les *vinti due;* c'est le nom que nous a donné la rue, tandis que la police a imprimé sur son bulletin : « M. André, professeur, avec ses élèves. »

Arrivés à l'arsenal, et pendant que notre cicerone postule pour nous la permission d'entrer, nous admirons, aux deux côtés de la porte, deux lions colossaux, qui furent transportés d'Athènes à Venise en 1687 par François Morosini. Ces lions, qui, avant d'orner le seuil de cet arsenal, ont, durant deux mille ans, chargé de leur poids les môles du Pirée, sont frustes assurément, mais d'une telle vigueur de style, qu'aujourd'hui encore, comme au jour où ils sortirent de l'atelier du sculpteur, ils ont leur caractère tout entier de puissance, de fierté sévère, d'imposante et monumentale majesté. C'est que ce n'est pas la dureté du bloc, ce n'est pas l'ampleur colossale des proportions qui assurent aux productions de la statuaire une glorieuse durée ; c'est bien plutôt cette énergique empreinte de la pensée humaine, cette justesse de caractère fermement saisie, cette poétique abstraction des attributs, qui, venant à se marquer dans le style, font survivre aux injures du temps et aux mutilations même des hommes la primitive expression de l'œuvre, conservent, retiennent, éternisent l'étincelle de vie, le souffle de grâce, le feu d'indélébile passion, jusque dans un torse fracassé, jusque dans un frustre tronçon.

La porte s'ouvre, et l'amiral en personne, nous accueillant avec une amicale politesse, prie son neveu de vouloir bien nous faire les honneurs de l'arsenal. Ainsi, au lieu d'un aigri, nous avons ici pour cicerone un jeune officier dont l'amabilité personnelle est rehaussée par des manières remplies à la fois de simplicité et de distinction. Tant de courtoisie nous inspire ce sentiment reconnaissant qui est le plus doux assaisonnement du plaisir.

L'arsenal de Venise est aujourd'hui encore riche en antiquités curieuses, en armures, en trophées : on y voit des drapeaux pris à la bataille de Lépante, et, à côté de gondoles d'honneur, qui ont été construites pour Bonaparte et sa cour, un magnifique modèle du *Bucentaure*. Ces objets nous intéressent moins cependant que la fonderie, que la corderie, et une grande frégate qui est en construction. Du sol, on monte, par une rampe de deux à trois étages de hauteur, jusque sur le rebord de ce navire ; puis de là on redescend le long du flanc intérieur jusqu'au fond du bâtiment, qui n'est pas encore ponté. Rien n'est plus propre que cette sorte d'expédition à faire saisir d'un coup d'œil ce qu'on ne comprend pas si bien en voyant une frégate à l'ancre, c'est-à-dire au moyen de quelles vertèbres, de quelles côtes, de quels reins, ces monstres-là peuvent soutenir l'effort de la vague et le choc formidable des flots en courroux. A fond de cale, nous trouvons un capucin en lunettes, qui guide dans ces profondeurs un pensionnat de jeunes demoiselles.

Ce sont des forçats qui font ici tous les transports et les gros ouvrages. La vue d'hommes enchaînés est toujours odieuse. Ceux-ci sont jeunes la plupart, beaux, et, chose singulière, leur visage respire l'intelligence et la douceur; à peine croit-on surprendre dans leur regard quelques équivoques lueurs de scélératesse. Ils paraissent d'ailleurs bien nourris, point maltraités, et la présence de l'officier qui nous accompagne ne leur impose aucune pénible contrainte. Nous leur achetons différentes bagatelles.

Cependant les heures s'écoulent avec rapidité, et bien des choses nous restent à voir, entre lesquelles il est devenu nécessaire de faire un choix. M. Topffer serait pour l'Académie des beaux-arts; là se trouvent les tableaux les plus renommés; mais tout son monde, devenu tribord et bâbord à vue d'œil, penche pour aller visiter cette frégate qui pourrit sur ses ancres devant le quai des Esclavons. Il faut pour cela avoir une permission de l'amiral; le bon vieillard s'empresse de nous la donner; et, tels ont été ses procédés à notre égard, qu'il nous semble, en sortant de cette maison de forçats, que nous quittons le toit hospitalier d'un ami. La frégate nous est montrée en grand détail. Mais voici que la barque qui nous ramène à terre va s'engager dans un câble où elle demeure équilibrée d'une très inquiétante façon. Nos mariniers crient, poussent, retiennent, s'insultent, et, à force de tintamarre, la barque se remet à flotter.

Après cette expédition, désireux nous-mêmes d'êtres libres, nous libérons notre aigri, qui nous fait de rauques adieux, et s'enfuit dans son antre. Comme hier, comme avant-hier, la soirée est radieuse, mais c'est nous qui sommes changés, et la prévision que le moment approche de quitter ce brillant séjour assombrit de quelques nuages les dernières heures que nous y passons. Déjà il faut penser aux dernières emplettes de départ, aux choses du lendemain, à la blanchisseuse... Beau poème qui finit en prose.

Cependant M. Topffer et M. André s'en vont chez le banquier, pour tâcher de redonner des chairs à la bourse commune, qui est maigre à flotter sur l'eau. Ils sont parfaitement accueillis ; la conversation s'engage, et grande est leur surprise en apprenant que c'est fort ennuyeux de vivre à Venise ! « Vous ne vous figurez pas, leur dit-on, ce qu'est le travail au fond d'une demeure d'où l'on n'entend ni bruit de voitures ni murmures de passants, dans une ville où il n'existe, pour s'y récréer, ni une société bourgeoise, ni un familier commerce de voisin à voisin. Surtout ne voir jamais d'arbres, jamais de prairies, c'est une dure privation ; et si, pour aller en famille saluer les champs, nous nous faisons transporter sur la côte, c'est vingt, c'est trente francs qu'il nous en coûte à chaque fois. » Ces rafraîchissantes réflexions font paraître un peu moins ingrate à M. Topffer et M. André cette même côte sur laquelle ils vont s'acheminer demain.

Le dîner est mélancolique, et, au dessert, la blanchisseuse. C'est une belle dame, qu'à sa mise on prendrait pour la comtesse des Esclavons, tout au moins. Cheveux admirablement nattés, toilette de bal. Châle de cour, et langage conforme. En vérité, c'est Nausicaa en personne, qui compte nos chemises, et met nos bas en pile. On lui paye son mémoire. Poème encore, qui finit en chiffres.

Nous sortons de nouveau; nous retournons à la place Saint-Marc : nous voulons pratiquer encore le café Florian; mais ce n'est plus cela! Pourtant, Simond retrouve quelque appétit pour du caramel. Pantoufle, que me veux-tu? Fulminante, tu me fatigues. Petit chien, tu m'attristes. Hélas! il n'y a plus rien dans la coupe : nous allons faire nos sacs.

Nous faisons nos sacs. (page 181)

## VINGT-QUATRIÈME JOURNÉE

Les gondoliers qui nous ont amenés de Mestre viennent nous prendre de bon matin pour nous conduire à Fucine. Pendant que ces hommes jasent et rient sur le perron de l'hôtel, nous faisons nos derniers apprêts. M. Topffer livre lamentablement des piles d'écus, en songeant que toute fête devrait se payer d'avance, au moment où elle va s'ouvrir, et non pas lorsque, tout étant consommé, il semble qu'on ne doive plus rien à personne. Du reste, nous ne déjeunons pas à Venise, parce que M. André se souvient que l'on rencontre d'excellents cafés tout le long de la route que nous allons parcourir.

La navigation est fort triste. Au bout d'une demi-heure, dômes et minarets se sont évanouis derrière la brume matinale, et devant nous se montre une côte basse, submergée, qui n'a rien de bien attrayant. Nous y débarquons silencieusement. Bientôt (c'est le prompt et sûr objet de la marche) l'entrain revient, la gaieté reprend le dessus, et les regrets se noient sous le flot charmant des souvenirs. Mais, de cafés, pas trace : noyés aussi, excepté dans le souvenir de M. André.

Le pays est presque désert. Ce sont des prairies sauvages, où croissent des arbres d'une sombre verdure et d'un port nonchalemment sévère ; les eaux croupissantes d'un canal sinueux ajoutent au caractère mélancolique de ce paysage. A mesure pourtant que l'on s'éloigne de la mer, des fermes, de belles églises, des villes enfin apparaissent ; mais des cafés, toujours pas trace, et M. André est bien coupable.

Pour la première fois aussi nous éprouvons des chaleurs torrides, qu'aucune brise, qu'aucun ombrage ne tempèrent, en sorte qu'aux rongements de la faim vient se joindre l'évaporation des forces. Quelques-uns, comme ceux qui dans les naufrages se sont jetés dans le canot sauveur, rament de toutes leurs jambes vers Padoue, tandis que les autres nagent çà et là, éperdus et grillés. Parmi ces derniers, on en remarque un qui nage en grand deuil à tâtons : c'est M. Topffer, qu'une violente enflammation des yeux a forcé de s'éclipser derrière deux bésicles noires et quatre doubles crêpes.

Cependant voici sur le bord du chemin une cabane ouverte, nous y entrons. Deux jeunes filles y sont assises auprès de la croisée qui, à l'opposite, s'ouvre sur la prairie. L'une d'elles, sans presque remarquer notre arrivée, continue de coudre, tandis que l'autre se lève et attend nos paroles. Nous lui demandons du café. Pendant qu'elle va le préparer, nous contemplons l'agreste propreté de cette fraîche demeure, où ces deux sœurs vivent seules, et, piqués à la fin de l'indifférence de la couseuse, nous voulons savoir d'elle-même qui donc elle se figure que nous soyons. — *Mi fa niente,* répond-elle avec une insouciance qui ne provient ni de déplaisante fierté ni de timide réserve. Bien que ces deux sœurs n'aient de judaïque que la beauté régulière de leurs traits, il nous arrive de trouver que le nom d'Agar leur sied, et nous adoptons ce nom pour les désigner entre nous.

Vers une heure nous arrivons à Padoue. C'est une belle ville au dire des itinéraires; mais toutes les villes sont belles dans les itinéraires, pour peu qu'il s'y trouve une cathédrale construite par un architecte quelconque, ou un hôtel de ville orné d'un portail ou d'un fronton, comme tous les hôtels de ville. Du reste, nous n'avons nulle envie de constater; et ainsi Padoue n'est pour nous qu'un endroit où l'on déjeune dans une salle fraîche, garnie de divans moelleux, en compagnie d'un abbé, et dans la patrie de Tite-Live.

Cet abbé mange à sa table, lentement, sobrement, avec une méthodique quiétude, et de façon à vivre deux cents ans, si réellement les maladies et la mort proviennent de l'oubli de quelque principe d'hygiène, ou de quelque inobservance de régime.

Les cafés sont la gloire actuelle de l'Italie. Brescia lutte avec Padoue, Padoue rivalise avec Venise, et de toutes les sortes d'architecture jadis florissantes dans cette belle contrée, l'architecture de café est la seule qui, au lieu de dépérir, va se perfectionnant, s'enrichissant de plus en plus. Le grand café de Padoue est gigantesque; on dirait un édifice public. Hélas! il est donc bien vrai qu'aux arts d'un peuple on connaît quelles sont ses mœurs, quelle est sa destinée! L'indolence, le farniente, les frivoles causeries, remplissent pour l'Italien les heures oisives, les loisirs forcés de son existence toute privée; et, pendant que ses maîtres lui font ses affaires, il tue le temps sous les riches lambris de ses cafés. Là, du moins, il est avec les siens; rien ne l'y offense, rien ne l'y attriste : c'est son forum, c'est le dernier vestige de sa vie publique et nationale. Les cafés italiens sont, en général, non seulement plus élégants, mais de bien meilleur air que les nôtres. Jamais on n'y fume. La société y est à la fois mélangée et comme il faut; et l'élégance, le bon goût des manières y sont en accord, bien mieux qu'ailleurs, avec la fraîche propreté des rafraîchissements et la somptueuse simplicité des salles.

Une chose encore nous a agréablement frappés dans les cafés d'Italie : c'est l'ampleur des choses servies, la confiante bonhomie avec laquelle se règlent les comptes, l'absence de toute parcimonie, de toute cupidité apparente. Il semble que l'on soit chez de généreux amis dont les serviteurs respectueux ont reçu l'ordre secret de vous traiter avec tous les égards et toutes les attentions possibles. Les garçons sont peu nombreux, mais admirablement intelligents et d'une activité incomparable. Il faut aussi que le peuple n'y soit pas voleur d'argenterie, car, vers le soir, alors que tous les abords du café se remplissent de monde, alors que, comme à Venise, les tables, les chaises vont s'avançant dans toutes les directions, jusqu'à remplir aux trois quarts la place Saint-Marc, les plateaux circulent, voyagent, vont se poser à cent pas du seuil devant des centaines d'inconnus, sans que rien soit soustrait, sans que personne du moins paraisse épier les fripons ni toiser les honnêtes gens.

L'omnibus de Bolzen est toujours avec nous. Dès ici M. Topffer y adjoint une sorte d'attelage pittoresque, et nous partons tous en voiture. Après nos fatigues passées, et sur cette route grillée au cordeau, c'est certes légitime. Mais quel sommeil! partis à trois heures de Padoue, il est nuit close quand, les voitures venant à s'arrêter, nous nous réveillons en sursaut. Chacun de se frotter les yeux sans y voir plus clair. C'est notre cocher tyrolien qui prend ici deux chevaux de renfort. Les siens, accoutumés à l'air des montagnes et aux routes moins poudreuses du Tyrol, dépérissent à ce genre de besogne, et le brave homme en est tout attendri. Nous lui faisons comprendre alors que, dès ce soir, nous le laisserons libre de rompre le pacte qu'il a fait avec nous; mais cela ne le console pas du tout, ni nous non plus.

On repart. La nuit est certainement plus belle dans ces vastes plaines que dans nos vallées, où, de tous côtés, d'obscures hauteurs cachent comme derrière un écran le majestueux pourtour du dais étoilé des cieux. Ici, moins de mystère, mais plus de magnificence; sans compter un calme aimable, que ne troublent ni la voix des torrents, ni le murmure des vents qui tournent les cimes ou qui s'engouffrent dans les gorges. Au surplus, voici un atroce tapage : c'est le pavé de Vicence. Nous allons loger à *la Lune*.

A la Lune, on est très bien. L'hôte, vrai preux, tout dévoué à l'honneur de l'ordre, salue profondément, parle bas, propose discrètement, et se conforme de point en point aux règles d'une étiquette excessivement solennelle. Par malheur, son sommelier est un petit homme étourdi qui lui cause d'infinis soubresauts et des angoisses de regards sans cesse renaissantes. A la fin tout vient à bien, et, sensibles aux soins de ce brave homme, nous lui marquons notre contentement. Le voilà aux trois quarts payé de ses sueurs. Vivent les gens qui ont l'esprit de leur état !

Amphithéâtre de Vérone. (page 192)

## VINGT-CINQUIÈME JOURNÉE

Le matin, notre hôte, tout de noir habillé, nous fait la conduite jusqu'aux portes de la ville, où des voitures nous attendent. Mais voici qu'au moment de s'y placer, on découvre que toute une chambre manque, qui dort encore du plus profond sommeil. Aussitôt l'hôte, tout de noir habillé, court nous chercher notre chambrée, qui ne tarde pas à arriver à moitié ajustée et dormant d'un œil encore.

Mais il y a des jours où la fatalité s'en mêle. A une heure de Vicence, voici madame T... qui s'aperçoit à son tour qu'elle y a laissé son livre à dessiner, tandis qu'au même moment Vernon découvre que sa canne y dort encore dans l'angle du salon. Et vite Vernon de repartir pour Vicence, accompagné de d'Arbely. Outre notre grande carte de voyages, dont il est le conservateur en chef, et qui pourra servir à le guider dans cette expédition, Vernon jouit d'un vocabulaire-carnet qu'il s'est composé à Genève et au moyen duquel il a en poche tout ce qu'il lui faut d'italien pour se tirer d'affaire. Il part donc, aventureux et crâne, et bientôt les poudreux tourbillons que soulèvent nos trois voitures l'ont dérobé à nos regards.

La grande route est ici rectiligne toujours, mais large, bordée d'arbres, animée par le mouvement des passants, des bestiaux, des carrioles ; en somme, gaie et récréative. Du reste, de paysage, il n'en est plus question. Quelques arbres plaisent, mais on ne voit rien autre qui puisse former un ensemble ; point de constructions isolées, point de hameaux non plus, mais, de loin en loin, des bourgades blanches, spacieuses sans ombrage, quelques villas dont le portail mythologique est tout chargé d'emblèmes et de statues. Pour nous autres Suisses, qui sommes accoutumés à aller chercher aux champs une agreste demeure, bien boisée, bien secrète, un asile frais et tranquille, ces villas brûlées, décorées, bariolées, où tout est en peinture, même le calme, même l'ombrage, nous semblent bien la plus ridicule des grilloires où un honnête homme puisse aller rôtir ses vieux jours. Surtout ces blanches statues, posées partout, brûlent rien qu'à les voir, et vous inspirent un parfait rassasiement de la chose. Faune, que me veux-tu ? Jupiter, que t'ai-je fait ? Bacchus, va te promener ! Toutefois, il ne faut pas oublier que les Italiens consomment en siestes les heures brûlantes de la journée, et que c'est quand les fraîcheurs de la soirée forcent le campagnard de nos contrées à regagner le gîte, qu'ils le quittent, eux, pour saluer le crépuscle et pour prolonger jusque dans la nuit leur promenade, leur fête ou leur causerie. Alors ces décors animent l'ombre, égayent les ténèbres, plaisent à l'imagination, et ces mêmes statues dont l'éblouissant éclat blesse durant le jour le regard du passant, deviennent les pâles ombres qui ornent et peuplent à la fois les noirceurs du bocage.

Cependant Vernon, semblable à Ulysse qui cherche Ithaque, retrouve, reperd, tombe aux mains de cochers fripons, rencontre des aumôniers algonquins, et s'entortille dans toute une odyssée de méprises et de calèches. Arrivé à Vicence, vite il tire son carnet, il cherche ses mots, il compose sa phrase, puis, accentuant son élocution, il réclame le livre de dessin... on lui apporte un saucisson. Vernon accepte la chose, cherche le livre, retrouve sa canne, demande une voiture... on lui apporte un fouet; un voiturier... on va lui chercher un cicerone. Par bonheur, une calèche vient à passer : il s'y jette, mais elle le mène à Rome; il entre dans une autre... on lui demande vingt francs; bien vite il saute à bas; alors ce n'est plus que six francs; il y rentre et se trouve face à face avec un aumônier qui parle toutes les langues que lui-même ne parle pas. C'est égal, moitié carnet, moitié latin, moitié patois d'Alais, Vernon tient tête : la conversation s'engage, s'anime, et devient, toute inintelligible qu'elle soit, si intéressante, si instructive, que l'on se sépare à regret et en se comblant d'amitiés. Mais, hélas ! tout est heur et malheur dans les odyssées! A peine la calèche est-elle fort éloignée que Vernon découvre avec stupeur qu'il y a laissé cette carte de M. Topffer dont naguère, et sur sa demande, et par défi envers ceux qui l'accusaient de n'être pas le plus soigneux des hommes, il fut nommé le conservateur en chef! Tout est perdu cette fois, et la carte et l'honneur !

A Villanova, où nous déjeunons aujourd'hui, on nous sert des poulets au riz, des poulets au sel, des poulets à toute sauce, et nous sommes en train de faire une chère à la fois prévoyante et rétrospective, lorsqu'un des convives vient à pêcher dans le riz une grenouille et deux cheveux. Ohé! on se regarde, les scrupules s'échangent, les doutes s'entre-croisent, les imaginations se grenouillent et les appétis se noient dans les marécages de dégoûts invincibles. A l'autre bout de la table, Vernon, sombre comme des roseaux noirs, dévore ses amertumes, secrètes encore, et, au départ, il s'exile volontairement de la voiture où est M. Topffer, pour aller verser ses peines dans le sein de l'une des deux autres.

Au delà de Villanova, la route ressemble à une belle avenue, et sur la droite, du côté des Alpes, on commence à entrevoir dans le lointain quelques hauteurs. Nous croisons des passants, des charrettes, des manants équilibrés sur la croupe de leur âne, des sortes de citadins qui, du haut d'un étroit phaéton suspendu sur de vastes ressorts, fouettent, aiguillonnent leur haridelle, et, enveloppés de tourbillons de poussière, ressemblent pas mal eux-mêmes à Phaéton perdu dans la nue. Au coucher du soleil, nous entrons dans Vérone. Tout dans cette ville nous attache et nous plaît, son air d'antiquité, ses constructions, la foule qui encombre les rues, et jusqu'à la curiosité bienveillante dont nous sommes l'objet de la part des habitants. Pendant que David va nous chercher un gîte, profitons des dernières heures du jour pour aller visiter l'amphithéâtre.

L'amphithéâtre de Vérone, construit vers la fin du premier siècle, est l'un des restes les plus intacts de la colossale architecture des Romains. L'enceinte extérieure seule a été détruite; encore en admire-t-on quelques pans restés debout, qui impriment au monument la mélancolique majesté des grandes ruines. Intérieurement, tout est d'hier, gradins, tribunes, vomitoires; la foule romaine seule y manque; mais l'imagination l'y place, l'y écoute, l'y voit circuler, applaudir, et, au gré de ses caprices, tantôt permettre au gladiateur de vivre, tantôt lui ordonner de mourir avec grâce. Quel spectacle! et quelle heure pour en jouir! Tandis que les feux mourants du jour bordent d'un filet d'or le marbre des derniers gradins, déjà l'ombre règne au fond de la vaste enceinte, le mystère s'y étend, les apparences s'y confondent, et il semble que du sein de ce silence, du milieu de ces ténèbres, la voix du passé s'élève plus distincte encore et plus éloquente.

David nous a logés au Grand-Paris; nous y trouvons un détachement du pensionnat de jésuites de Fribourg. Ces messieurs, au nombre de quinze environ, voyagent dans un grand omnibus à trois chevaux, qui les porte à Inspruck; ils payent cette voiture quarante francs par jour, retour compris. Ce n'est pas cher, mais à la longue ce doit être monotone de s'emballer chaque matin dans cette valise. L'hôtel est labyrinthique au point de ne s'y plus reconnaître; d'ailleurs bon, rempli jusqu'au comble. et bruyant comme une rue charretière, sans compter une sérénade qui éclate dans la nuit.

Cocher volant des raisins. (page 196)

## VINGT-SIXIÈME JOURNÉE

Ici, nous nous séparons de notre cocher tyrolien. Après quelque séjour à Vérone, pour y faire reposer ses chevaux, il compte de là regagner Bolzen par la route de Roveredo, qui longe directement le cours de l'Adige. Nous lui souhaitons bonne chance, et nous le quittons à regret.

Le plus triste, c'est qu'il faut, pour le remplacer, avoir affaire à cette tourbe de criards en guenilles qui, dans toutes les villes d'Italie, encombrent le coin des places et le seuil des auberges. Après bien des peines, nous traitons avec trois de ces ivrognes. Cochers, voituriers, haridelles, sont dignes les uns des autres : usés, éflanqués, malpropres ; emplâtre sur l'œil, jambes entortillées, boulons, mécaniques et ficelles. Ce n'est que dans les pays de plaine que l'on rencontre ces restes de chevaux, trop débiles pour tirer, trop cassants pour retenir, mais suffisants pour trottiller encore des deux côtés d'un timon. Du reste, diaphanes, incolores, sans yeux, sans jambes, sans poil ni queue, la maladie ne sait par quel bout les prendre, et, là où nos jeunes chevaux du Tyrol succombent d'échauffement et de fatigue, ils font sans mal ni douleur des douze heures par jour pendant douze jours de suite. Pauvres animaux ! ou plutôt, ombres vénérables !

De mieux en mieux on distingue les chaînons avancés des Alpes, et la beauté riante du paysage, la fraîcheur de la matinée, suffisent à nous maintenir en état de jouissance. Au surplus, nous avons atteint cette période du voyage où le plaisir présent commence à s'embellir du ressouvenir des plaisirs et aussi des traverses passées; où le contentement de la réussite, ayant succédé aux désirs chanceux et aux espérances incertaines, le loisir en a plus d'agrément et l'entretien plus de charme. Etre assis alors, les uns auprès des autres, dans la plus éreintée des voitures de la Lombardie, c'est encore, nous pouvons l'affirmer, une des situations les plus désirables qui soient au monde.

Cependant, des deux côtés de la route, de magnifiques raisins pendent aux treilles. Un des cochers, déterminé voleur, se met en tête d'en approvisionner les trois voitures, et M. Topffer, aidé de personne, a bien de la peine à l'en empêcher. Mais au premier relais, il demande du raisin, dont deux petites assiettes se trouvent coûter la bagatelle de trois francs. En vérité, ou ces gens-là veulent nous punir d'avoir respecté leurs treilles, ou, sous prétexte de raisin, ils nous font payer les bouteilles que vident nos cochers. Cela est de beaucoup le plus probable.

Nous repartons bientôt, et tout à l'heure, sans que le beau temps en soit sensiblement troublé, les nuées se livrent de grandes batailles dans les cieux. Tout y est agitation, tumulte; çà et là de diaphanes ondées descendent sur les champs, ou, de derrière les vapeurs qui cachent le soleil, l'astre lance dans l'espace le splendide éventail de ses rayons. C'est dans ce moment que nous atteignons la rive du lac de Garda. Il faut aimer bien tendrement son lac natal pour ne pas lui préférer celui-ci. Des montagnes l'enserrent, bien plus solitaires et bien plus gracieuses que les nôtres, et, tandis qu'il réfléchit les splendeurs d'un ciel auprès duquel le nôtre serait terne et froid, il baigne de ses limpides flots des grèves abandonnées, des anses obscures, des côtes solitaires, des arbres rares, sveltes, dont l'élégant feuillage penche jusqu'à la surface de l'onde, comme pour s'y unir à sa vacillante image.

De bonne heure nous arrivons à Desenzano, joli bourg situé sur la rive. C'est le cas de faire des ricochets en attendant le repas, qui, de bonne heure aussi, clôt cette journée paisible, uniforme, tout d'une pièce, et cependant mieux gravée que mainte autre dans notre souvenir.

A l'hôtel de la Ganache. (page 202)

## VINGT-SEPTIÈME JOURNÉE

Desenzano est à quatorze lieues de Bergame, où nous voulons coucher ce soir. Aussi, dès trois heures du matin, nous sommes en route. Cochers, voyageurs, haridelles, tout sommeille encore, et la machine entière n'est qu'un rêve qui trotte comme un fantôme le long d'une apparence de lac où se réfléchissent des signes d'étoiles.

Une seule personne peut-être ne dort pas : c'est un amateur qui, toutes les rares fois qu'il est forcé de se lever avant le soleil, profite de l'occasion pour bien regarder comment s'y prend celui-ci. Que d'harmonie, que de majesté, que de solennelle lenteur dans ce réveil de la nature ! Mais si l'impression est vive, si elle se grave dans le souvenir en traits augustes, un moment elle est triste, mêlée de frisson, presque ingrate, et ces feux qui chassent le mystère n'ont pas le charme de ce mystère où, le soir, s'endorment les campagnes décolorées. Oui, du jour, c'est le couchant qui nous plait ; des saisons, c'est l'automne qui est notre préférée ; de la vie elle-même, si tant de voix étaient là pour nous contredire, nous penserions qu'une vieillesse saine, riche en fruits mûrs et en fruits tombés, calme et reposée comme l'arrière-saison, comme elle voisine du sommeil passager de l'hiver, est encore la portion la plus désirable. Ah ! puissent du moins ces dernières illusions nous leurrer quelques années encore, s'il est vrai que le déclin des jours, une fois qu'on y est entré, paraît amer ! Puissent quelques années encore notre cœur se complaire aux pâleurs et aux défaillances de l'automne, s'il est vrai que ce sont les froides atteintes de la caducité qui seules portent le vieillard à préférer au charme poétique des feuillages jaunis le retour des tiédeurs printanières !

Au jour, Vernon, voulant contempler l'horizon, cherche ses lunettes. Perdues ! On cherche aussi Léonidas, qui est retrouvé au fond du panier du cabriolet, où il rêve qu'il dort sur son banc. Plusieurs se flattent, madame T... entre autres, d'avoir joui des spectacles de l'aurore, et, chose singulière, tandis qu'un seul a veillé, il se trouve à la fin qu'aucun n'a dormi. La discussion est ouverte, la discussion continue ; mais voici Brescia, voici le déjeuner, et personne ne demande plus la parole.

Brescia nous a paru être une ville jolie, riante, toute peuplée de cicerone qui vous obsèdent et de chaudronniers qui tapent sur des bouilloires. On y a des ennuis pour son passeport, et l'on y achète des brioches rances. D'ailleurs, l'eau y abonde, et l'hôtel de ville a un fronton. Comme hier, on nous affame, nos cochers font bombance, et nous payons pour tous.

Au départ, nous remarquons que toutes nos haridelles ont les jambes en manches de veste, c'est-à-dire enveloppées de bandes de toiles roulées en spirale autour de l'organe : c'est apparemment pour soutenir les muscles et empêcher le déboîtement du jarret. Ainsi rajustées, les pauvres bêtes font un effort, le timon part, et les voilà qui sautillent, l'oreille cassée et la tête basse, jusqu'à Pallazolo, où nous réparons, au moyen d'une modeste collation, les somptueuses lacunes du déjeuner. Le pays recommence à être accidenté, et au sortir de ce bourg, nous retrouvons, après bien des jours de plaine rase, un petit bout de douce montée qui nous fait grand plaisir. Du sommet de cette montée on aperçoit sur la droite des hauteurs lointaines qui appartiennent aux Alpes, et sur la gauche, plus lointains encore, quelques chaînons des Apennins.

Mais à mesure que nous approchons de Bergame, en même temps que la contrée redevient de plus en plus montueuse, tout prend un aspect de vie, de gaieté, d'activité industrieuse. La route se couvre de passants, les uns qui s'entretiennent de leurs affaires, les autres qui comptent solitairement leur monnaie ou qui marchent avinés. Çà et là des familles entières de villageois, assises sous l'ombrage des treilles ou sur le seuil des tavernes, attendant, pour regagner le hameau, que la fraîche sérénité du soir ait succédé aux ardeurs du couchant; tandis que d'autres, dont le gîte est plus éloigné, s'apprêtant à partir, ou, déjà groupés sur les bancs des charrettes, s'y acheminent, guidées par le petit garçon, qui, sous l'œil du père, fouette une cavale à tous crins. La plupart de ces hommes ont de beaux caractères de tête; les filles ont cette noblesse de l'attitude et les mères cette gracieuse dignité du maintien qui ont inspiré aux peintres italiens tant d'adorables madones, et à Léopold Robert ces groupes d'une si sévère beauté, d'un charme si universel, si durable et si profond. Au reste, partout à Venise, partout dans ces contrées, on rencontre épars les traits de cette haute et mélancolique poésie dont il a empreint deux toiles immortelles; partout on voit, on sent, on jouit avec le regard qu'il vous a fait et avec le cœur qu'il vous a donné. Mystérieux commerce, où l'on se lie avec ce rare génie de je ne sais quelle forte et triste amitié, où on lui paye avec une secrète effusion l'hommage d'un reconnaissant enthousiasme et celui d'un regret inconsolable!

A la nuit tombante, nous entrons à Bergame. C'est l'époque de la foire; tout bouge, crie, circule. Au milieu de ce tumulte, nous passons inaperçus de tout le monde, excepté de la police. Un employé se présente qui nous toise, qui nous compte et qui nous intente de ces difficultés dont on se tire avec un écu, lorsque, rapide comme l'éclair, une voiture princière se montre, arrive, rase nos essieux, et voici... voici que nos haridelles, piquées au jeu, ont suivi d'un trot princier l'équipage sauveur. Enfoncé l'employé! Tout d'une traite nous allons descendre à l'hôtel royal de *la Ganache,* où, d'emblée, on nous demande pour souper et coucher sept francs par tête! A ces mots la bourse commune s'évanouit, M. Topffer fait signe, un mouvement de retraite s'opère, et *la Ganache* capitule. Nous sommes reçus au prix de trois francs cinquante, l'un portant l'autre.

Tout ce débat a lieu au débotté, moitié sur le seuil, moitié entre les roues des voitures, aux cris de gare! au tapage universel des arrivants, des partants, des grelots, des chiens qui se rossent, des poulets qu'on tue, des poulets qui rôtissent, de la foire illuminée et glapissante. Vous entrez, et le tapage s'accroît, la confusion est organisée. Au beau milieu de la cour, des dames panachées tiennent comptoir sur une estrade. De toutes parts des gens dînent, en haut, en bas, dessus, à côté. De l'eau! du vin! une lumière! des cure-dents! Et les sommeliers d'accourir, de se croiser, de se transmettre au passage des kyrielles d'ordres pressants, y compris un reproche et deux calottes. Cependant un bourgeois descend en bonnet de coton pour réclamer sa paire de mouchettes, et trente-six voituriers de lui offrir bien vite une place pour Bologne, pour Milan, pour Florence, pour Naples! Cela ne distrait en aucune façon des négociants qui traitent une affaire, en face d'un citadin qui bâille, d'un particulier qui fume, d'un solitaire qui règle sa montre, d'un voyageur qui promène sa migraine, et d'un autre qui, souffrant et embarrassé, parcourt les galeries, lit tous les numéros, essaye de toutes les portes, et finit par faire queue, lui onzième, au seuil de l'une d'elles. Tumulte, chaos, Babel, et nous au milieu, qui courons, cherchant des chambres, voulant souper, soupant enfin des champignons qu'on nous lance, des sauces qu'on nous abandonne.

Le marchand de cirage. (p. 206)   L'orgue de Barbarie. (p. 155)

## VINGT-HUITIÈME JOURNÉE

On ne dort pas du tout à l'hôtel de *la Ganache* : c'est que le vacarme y est constant, ininterrompu, parfaitement égal du matin au soir et du soir au matin. A son réveil, M. André a le plaisir de voir, tout près de lui, l'emplâtre retrouvé de madame Pécrin ; mais, en même temps, il découvre avec effroi qu'il a dormi au milieu des dossiers accumulés d'au moins cinq procès.

Incertains encore sur la route que nous voulons prendre et sur le mode de transport que nous choisirons, nous allons, en attendant, visiter la foire. C'est, au centre de la ville, toute une Babylone de boutiques et d'étalages, et les Bergamasques des montagnes, venus les uns pour voir, les autres pour acheter, qui flânent ou qui marchandent. A l'angle de cet immense bazar, tout encombré de peuple et de richesses, trente-six baraques abritent trente-six spectacles de toutes sortes : géantes, nains, cirques, manchottes, rhinocéros, marionnettes, *phoco vivo*; et, pendant que de gitantesques toiles, destinées à attirer la curiosité à la fois défiante et crédule des paysans, étalent aux yeux toutes les monstruosités des cinq règnes, trombones, musiques, paillasses, cavalcade, sonnent, crient, paradent, gesticulent, ensemble et à l'envi, dans toutes les directions. Tout au milieu, un pâtissier ambulant frit, délivre, se fait payer des merveilles; un confiseur en plein vent pétrit son jus de réglisse, il l'aune, il le vante, il l'exalte; un marchand de cirage attrape le pied d'un montagnard, et il lui cire, bon gré, mal gré, son sabot, tout en lui exposant avec une incroyable volubilité de paroles les incomparables propriétés de sa composition, l'avenir prodigieux de la chaussure, les familles heureuses, la société parvenue au plus haut degré de luisant... et le bonhomme, ébloui, fasciné, béant, se laisse faire, achète, paye, s'en va, un sabot ciré, une boîte à la main. Rien de plus amusant que d'être spectateur paisible de ces scènes si animées. Désintéressé soi-même, on observe mille traits de nature; on se repaît de comiques naïvetés qui s'en viennent éclore tout à côté de vous, et l'on remarque jusqu'au sein de la foule, et comme gracieusement encadrés dans ce tumulte universel, une jeune fille pensive, une mère inquiète, ou bien encore quelque vieillard qui assiste, austère ou morose, à ces plaisirs qu'il ne partage plus. Ainsi nous nous oublions à cette foire, et nous y serions encore, sans la faim qui nous chasse vers le déjeuner.

En attendant, onze heures ont sonné, et il s'agit de prendre un parti. Les voituriers nous font des prix insolents; nos jambes sont reposées, les montagnes ne sont plus bien loin : autant de motifs pour partir à pied. Chacun fait donc ses apprêts et charge son sac, pendant que M. Topffer, qui vient de payer et l'hôte et le sommelier, se voit poursuivi par toute une hiérarchie de garçons de plus en plus subalternes, qui se démasquent les uns après les autres. C'est d'abord *il grosso,* tenez; puis c'est le *piccolo,* tenez; puis le *piccolino,* tenez; puis l'artiste décrotteur, tenez. Même situation, absolument, que celle de Panurge lorsque, tombé au pouvoir des Turcs, il se vit lardé d'abord, puis mis en broche, puis exposé à une braise enflammée, sous la garde d'un *roustisseur.* Après avoir endormi son *roustisseur,* il se débrocha et prit la fuite; mais, attirés par l'odeur de la *roustissure,* les carlins et les molosses, les chiens blancs et les mâtins noirs accouraient pour lui sauter sus, avides de ribotes et impatients de chair grillée. Alors Panurge, se délardant à mesure, leur lança ses couennes fumantes, et les chiens, distraits de le poursuivre, s'entre-dévoraient pour l'attrape de ses brides. Ainsi fut sauf Panurge de cette mauvaise fortune. Ainsi fut sauf aussi M. Topffer des molosses et des carlins de *la Ganache.*

Au delà de Bergame, le pays est délicieusement accidenté. Ce sont d'abord de molles collines couronnées d'arbustes, du sommet desquelles on plane sur un horizon rasant; puis des hauteurs plus hardies, des lits desséchés de ruisseaux tortueux, partout les festons de la vigne, des revêtements de lierre, une végétation aimable; enfin, au delà de Caprino, on retrouve les vallons creux, les hautes montagnes, Lecco et son lac; Lecco, patrie de Lucia et de Rienzo, théâtre d'une naïve, d'une constante et sainte tendresse. Pourquoi Manzoni se tait-il? Pourquoi le roman est-il mort? Pourquoi plus de ces livres qui divinisent les bois, les fleurs, l'air, les eaux d'un coin de terre? Pourquoi tant de livres qui, au lieu d'inspirer cet enchantement savoureux, vous inspirent le dégoût des contrées dont ils parlent? Pourquoi dans le siècle où l'on décrit le plus, la description n'aboutit-elle qu'à flétrir et à décolorer?... Il serait facile de le dire, mais il est bien plus court de se taire.

Un jeune meunier qui s'en retourne à vide prend nos sacs sur son chariot; mais la chaleur n'en est pas moins extrême à cette heure du jour et sur ces routes sans ombrage. Aussi M. Topffer, qui vient de trouver de l'excellente bière de gingembre dans une taverne tenue par des fileuses, se hâte-t-il d'appeler à lui ceux qui ont soif. Tous d'accourir bien vite, Par malheur, il se trouve que la taverne ne possédait que l'unique cruchon qu'il vient de boire. Soif déçue, soif accrue. Reste pour tout rafraîchissement celui de hâter le pas pour atteindre Caprino.

Caprino est un joli village lombard, tout voisin des montagnes, tout montueux lui-même. On y trouve deux auberges, l'une que nous n'avons pas su voir et l'autre qu'on nous fait remarquer, sans quoi nous ne l'aurions pas vue; c'est une maison basse au fond d'un potager. Les gens s'empressent de nous servir fourchettes et couteaux, serviettes et dessous de verres, assiettes en piles, poivre et sel; après quoi ils nous demandent ce que nous désirons. Chacun dit son idée, et, de mécompte en mécompte, nous nous mettons à désirer du pain dur et du fromage rance, car ces gens n'ont rien d'autre. Pendant le repas entre un petit homme qui ajuste un chevalet, y pose son orgue, tourne la manivelle et nous régale de valses et de sarabandes. Ce petit homme est fort drôle. Amoureux de son art, époux de son orgue, et comme jaloux des sons dont il caresse nos oreilles, il nous lance de pénétrants regards; il semble vouloir pour son instrument notre hommage et craindre notre flamme : une de ces figures qui sont entre le réel et le fabuleux, entre le fantastique et le misérable, entre le fou et le poétique. On le comble de centimes, de pain dur et de fromage rance.

Au delà de Caprino, le piéton peut, quittant la grande route, prendre par un secret vallon, frais comme une caverne et désert comme l'angle perdu d'un domaine. Nous ne manquons pas de nous y engager, guidés par un meunier encore. Quelles retraites ! Lucia dut y venir pour y songer, pour y pleurer loin de tout regard : ce n'est qu'à deux heures de Lecco. Au sortir du vallon, on retrouve la grande route, on voit le lac au-dessous de soi ; à droite et à gauche des montagnes encore italiennes, déjà suisses, et, en face, les blanches maisons de Lecco qui s'élèvent en amphithéâtre, de la rive jusqu'aux premiers rochers. Il est nuit lorsque nous entrons dans ce joli faubourg. De l'auberge et avec tout le peuple qui encombre la place, nous assistons à un spectacle de marionnettes. C'est du drame. Des rois et des reines s'y jouent quantité de tours mortels ; à tout moment un grand personnage hurle d'effroyables malédictions ; après quoi il expire de vertu rentrée, et un autre prend sa place, non moins vertueux, non moins hurleur et non moins tué par le poignard, l'escopette ou le poison.

*Le carillon de Pusiano. (page 212)*

## VINGT-NEUVIÈME JOURNÉE

Nous partons de bonne heure. Des bateliers sont sur le seuil, qui proposent de nous épargner une heure de marche, en nous faisant traverser le lac devant Lecco. M. Topffer consent. Mais à peine sommes-nous à flot, que le vent fraîchit et que la vague, qui nous prend de flanc, berce presque trop sérieusement le navire. Aucun danger d'ailleurs. Toutefois le danger, quand on se propose de l'éviter, il est bien superflu de l'attendre ; aussi M. Topffer donne-t-il l'ordre de regagner le port. Cette expédition nous coûte du temps, de l'argent, et elle nous remet en mémoire l'adage de Panurge : « Heureux ceux qui plantent choux ! ils ont un pied en terre, et l'autre n'en est plus loin. »

A partir de Lecco, le lac va se rétrécissant de plus en plus, si bien que, une demi-lieue plus bas, on le traverse sur un pont. C'est ce détour que nous avions voulu éviter.

Du reste, le vent n'a fait que fraîchir de plus en plus. Une fois sur la rive opposée, nous la remontons jusqu'à l'entrée d'une gorge qui s'ouvre en face de Lecco, et tout à l'heure nous voici dans un pays très différent de celui que nous venons de quitter. Ce sont de spacieux vallons, parsemés de bouquets d'arbres et de lacs marécageux; à droite, de hautes montagnes nous défendent contre les assauts de la bise. Rien de bien beau, comme l'on voit, mais le calme au sortir des tempêtes, et la canicule après les froidures.

Il y a des personnes qui ont peur des cloches; quelles se gardent bien d'aller traverser ce canton un jour de fête. Le carillon y est universel, continu, et si curieusement organisé, que nous voilà dans le cas de faire une halte à Pusiano, rien que pour y observer le système. A chaque face du clocher, deux grosses cloches sont équilibrées sur les montants mêmes des huit fenêtres à ogive. Ces cloches sont équilibrées sur les montants mêmes des huit fenêtres à ogive. Ces cloches sonnent la tierce ou l'octave, de telle façon que, soit qu'on les mette en branle toutes ensemble, soit qu'on les fasse se répondre successivement, elles donnent toujours l'accord. Le sonneur, placé au centre de ces huit cordes, fait de là ses solos, ses tutti ; et comme il lui arrive de ne vouloir qu'un coup à la fois de chaque cloche, il peut à volonté faire que la cloche partie à pleine volée atteigne la verticale et s'y arrête immobile, le battant en l'air, la tête en bas. Dans les points d'orgue, toutes les cloches à la fois demeurent dans cette position d'attente; on dirait le clocher qui retient sa voix et bat la mesure. Puis chacune à son tour s'ébranle, accélère, frappe, et un harmonieux vacarme accompagne ce jeu muet. Niaiserie ou autre chose, cette mécanique nous a captivés le mieux du monde, et nous sommes demeurés un grand quart d'heure au pied de ce clocher à regarder en l'air.

Un char nous accompagne, qui porte nos sacs. Ce char est traîné par une mère jument qui, à tout moment, tourne court pour s'en revenir à Lecco ; et le cocher d'admirer tant d'intelligence ! « Une bête, dit-il, à qui il ne manque que la parole ! » Pour lui, la parole seule ne lui manque pas, et il en use pour nous conter comment des scélérats d'oncles et de tantes, aidés de tribunaux scélérats aussi, lui ont ravi un héritage de trois cent mille francs ; faute de quoi, il est peintre en bâtiment, et cocher par intérim. Que de gens, même aisés, même riches, ressemblent à cet homme, et vont, dédaignant l'écu qu'ils possèdent, à cause des écus qu'ils n'ont jamais dû posséder !

Nous déjeunons à Erba, au son du carillon. Ici l'on fait cuire tout ensemble, le lait, le sucre, le café, et on vous le sert en un seul breuvage plus ou moins bon, mais pas plus ou moins sucré. La mode est ainsi, et qui que ce soit n'y saurait rien changer. Nous partons fort mal repus, pour cheminer le long de chemins grillés et poudreux, que hantent pourtant beaucoup de promeneurs endimanchés. La fatigue, la chaleur, le projet aussi de pousser ce soir jusqu'à Varèze, nous empêchent de jouir convenablement du court séjour que nous faisons à Côme. Cette ville est cependant jolie, intéressante, admirablement située ; mais pour la trouver telle, il faut y arriver le soir et n'avoir rien à y démêler avec un commissaire qui dîne, ou avec un commandant qui fait la sieste. Dès que notre passeport est en règle, M. Topffer loue trois excellentes voitures, et, par le plus joli pays du monde, à la fraîcheur du soir et au grand trot des chevaux, nous courons sur Varèze. Cette équipée nous remet à neuf.

A Varèze, nous descendons à l'*Ange*, chez de bonnes gens. Autant de monde qu'à *la Ganache*, mais plus d'ordre, moins de dossiers, point d'emplâtres. Deux charmants piccolini, délégués pour s'occuper de nous, s'acquittent de leur tâche à merveille. Cependant la table se dresse, la soupe fume, les entrées arrivent, que Murray et Léonidas font mine encore de vouloir dormir debout, assis en bisingue ou en quinconce, les jambes en l'air, la tête en bas. C'est depuis huit jours leur manière de souper. M. Topffer alors nomme d'office deux chatouilleurs pour chacun. Murray cligne l'œil, Léonidas ouvre une paupière, un long cauchemar suit, puis le rêve chagrin puis le demi-songe, puis l'éveil étonné, puis le moi et le non-moi, la soupe, le rôti, l'entremets, le sac et les quilles, et bonsoir.

Un chatouilleur pour chacun. (page 214)

## TRENTIÈME JOURNÉE

De plus en plus nous jouissons du succès presque assuré tout à l'heure de notre voyage, et, semblables à des convives qui, après avoir satisfait aux voracités du premier appétit, savourent à loisir et sans hâte les friandises délicates d'un beau dessert, nous accomplissons avec une récréative lenteur ces dernières journées de fête. Sans que le plaisir diminue, il a changé de nature.

A la vérité, le cœur déjà accuse ses lenteurs, et, prenant les devants, il s'en va saluer la rive natale, il court rencontrer jusque sur le seuil du logis les êtres chéris qu'il y a laissés. Il faut, sans l'en empêcher, ne pas vouloir l'y suivre à la course ; il faut sourire à ses impatiences sans écouter sa plainte ; il faut savoir, sans le gronder, le distraire. Autrement, le voyage serait clos bien longtemps avant d'être achevé, et une ingrate précipitation remplacerait sans profit les douces émotions de l'approche et le charme paisible du retour.

Entre Varèze et le lac Majeur il y a un canton boisé, fleuri, orné d'élégantes villas, où tout respire l'abondance et la fertilité. Du côté du nord, tandis que les Alpes s'élèvent en majestueux amphithéâtre, le lac Majeur étale dans la vallée ses plaines d'azur et coupe de douces lignes la base de cet horizon tourmenté. Chose singulière, au milieu d'une nature si belle, les citadins de Milan, de Côme ou de Varèze se sont créé, çà et là, des châteaux de théâtre, un champêtre factice, et ils ont gâté à plaisir, au moyen d'une toilette de mauvais goût, tous les arbres de leurs enclos. Ce ne sont pas ici, en effet, comme dans le Padouan, des statues, mais des maisons peintes sur toutes leurs faces ; des ifs, des charmilles, de gros arbustes, taillés en murailles, en pavillons, en galeries à colonnes : toute une architecture qui rappelle, hélas! le bucolique d'opéra. Il n'y manque que des roulades, des flonflons et des bergères à liséré, qui sentent la pommade ou qui filent en gants blancs.

Un monsieur de Varèze, qui se rend en cabriolet à Laveno, prend à ses côtés Adolphe, puis il l'engage à offrir la place qui reste à madame T... Il y a dans les manières de ce monsieur tant d'obligeante bonne grâce, surtout il paraît craindre tellement pour les jours d'une dame qui affronte ainsi les fatigues de grand chemin, que ne pas lui complaire serait lui marquer une défiance impolie. Madame T... monte donc ; et fouette, cocher! Ce monsieur se trouve être un ingénieur. Tout rempli d'attentions, il fait rafraîchir ses hôtes chez les curés, il leur cueille des bouquets chez ses connaissances, et il ne se sépare pas d'eux sans laisser paraître quelques signes d'attendrissement. Cette bonté de cœur, ces traits d'hospitalière courtoisie, sont communs, nous pouvons l'assurer, à beaucoup de petit citadins de ces contrées, et il ne nous est pas arrivé encore d'y voyager sans rencontrer mainte occasion de nous persuader que le peuple lombard est l'un des plus excellents qui existent. Du reste, ce bon monsieur s'étant mis à conter l'histoire lamentable d'un sien beau-frère qu'ont englouti l'an passé les eaux soulevées du lac Majeur, madame T... prend la chose en sérieuse considération, et, arrivée à Laveno deux heures avant nous, elle a tout le temps d'y rêver naufrages et tempêtes, vagues et moutons. Mais madame T... en est pour ses rêves, car le vent s'est tu, le lac dort, et déjà nous voguons vers les îles, sans porter aucune envie au bonheur de ceux qui « plantent choux. »

Ailleurs, et bien des fois, nous avons décrit ces îles : nous ne recommencerons pas. Y vivre nous aurait semblé en tout temps désirable ; les visiter nous paraît aujourd'hui monotone. Non point qu'on se lasse des bosquets, des sombres allées, des frais rivages ; mais on se lasse de ce cicerone qui vous y harcèle de cactus et de cochléarias, qui, chemin faisant, vous y baptise chaque arbre d'un nom barbare, chaque fleur d'un sobriquet latin. Ne saurait-on, du moins, laisser le touriste libre de s'enquérir de ces fadaises, ou de les ignorer toujours? Beaux aloès, verts citronniers, noirs cyprès, cèdres majestueux, ah! naissez, croissez, étendez vos rameaux pour abriter les poètes, les rêveurs, ceux qui aiment ou ceux qui souffrent, mais chassez, croyez-moi, chassez ce pédant qui se fait payer pour changer vos noms charmants en affreux logogriphes.

Ici notre tortue, qui n'a rien pris depuis Venise, se met à boire. Aussitôt on s'appelle, on se court après pour se communiquer la grande nouvelle, et c'est dans toute l'île une grande joie. Cependant la botanique va son train. Beaux aloès, cyprès noueux, prêtez-moi donc un de vos rameaux pour que j'en frotte ce petit Linné qui s'obstine incongrûment à latiniser vos charmes.

A l'Isola-Bella, botanique encore ; mais du moins il n'y a pas rien que cela. Comme on sait, tandis que l'Isola-

Madre, d'où nous venons n'est qu'une ombreuse et agreste solitude, l'Isola-Bella, où nous voici, est un rocher coquettement terrassé, un seigneurial domaine, surchargé de palais, encombré de statues, beau, admirable, enchanteur, malgré cet entassement de décors, malgré mille artifices de toilette. Mais quoi! peut-on faire, à force d'atours et de falbalas, qu'une dame jolie soit laide à voir, qu'un visage expressif ne soit pas attachant, que le plus doux regard, que le plus gracieux sourire, nous laissent insensibles? C'est le privilège de la beauté que de triompher par son éclat même de la disgrâce des attifements; aussi, sûre qu'elle est de plaire, cette jeune reine des eaux laisse dire les envieux, laisse jaser les indiscrets, et, tandis que chacun lui voudrait plus de simplicité, elle se contente, elle, de s'être gagné le cœur de chacun.

Dans ce moment le palais est habité. Nous y voyons des Borromées circuler dans les salles, un petit rejeton borroméen surtout, qui, à califourchon sur son vélocipède, court, vole d'appartement en appartement, sans trop songer pour l'heure à son ancêtre saint Charles. Ce petit bonhomme a bien raison de s'amuser à la façon de son âge et selon les coutumes de son siècle; toutefois ce jeu paraît déplacé dans cette demeure historique, et si près d'Arona. Ce qui nous paraît déplacé aussi, c'est un exquis parfum de cuisine; mais il est à croire que nous en jugerions autrement si c'était à nous de manger le dîner dont c'est le signe.

De là nous voguons vers Baveno. Vous qui aimez les douces soirées, les flots empourprés, les côtes basses, les horizons vaporeux, portez-nous envie, car le ciel nous sourit, la nature déploie devant nous toutes ses grâces, et voici à choix, sous les noyers de la rive, des anses tranquilles. Voici aussi l'hôte de Baveno, le cormoran de ces parages, qui, descendu de son aire, ouvre un vilain bec, et nous gobe tous au sortir du bateau. Ce vorace, qui n'adore que les vastes proies, ne lâche pas pour cela les carpillons; seulement il a l'air de leur reprocher de n'être pas plus gros, et, tout en les gobant, il les gourmande. Très brave homme sûrement, mais sotte espèce d'hôte. Très jolie auberge que la sienne, et située comme ne l'est aucune autre, mais inconfortable, plus encore par l'insatiable cupidité des maîtres et l'inutile bourdonnement d'un tas de sommeliers de parade, que parce que nous y avons toujours été mal nourris, mal servis, mal couchés. De plus, il y a des hôtes qui vous reconnaissent après quatre, après six fois qu'ils vous ont hébergés; celui-ci vous reconnaît dès la seconde fois et de tout loin, mais il se garde bien d'en rien dire : cela l'obligerait à vous traiter mieux ou à vous écorcher moins. Très brave homme, encore une fois, mais sotte espèce d'hôte. Belle auberge, vilain trou.

A souper nous mangeons nos pouces. Et ces mêmes drôles qui nous laissent mourir de faim, nous offrent à acheter des minéraux monstres. Ah! bien oui!...

L'aveugle de Baveno. (p. 221)   Le paysan philosophe. (p. 224)

## TRENTE ET UNIÈME ET TRENTE-DEUXIÈME JOURNÉE

Ce matin, à demi-heure de Baveno, nous voyons venir à nous une sorte de centenaire habillé de haillons. Chacun aussitôt de préparer quelques centimes; mais le malheureux qui se trouve être sourd et aveugle, passe outre sans nous voir, sans nous entendre, et c'est nous qui sommes dans le cas de l'aborder. A peine nous l'avons touché, qu'il s'effraye, qu'il supplie. Bien vite nous lui crions de toutes nos forces dans le creux de l'oreille que nous sommes de braves gens tout disposés à lui faire du bien. Son effroi redouble alors, et, tout préoccupé de l'idée qu'il s'est égaré, il veut rebrousser chemin. La situation de cet infortuné, le trouble surtout dans lequel nous l'avons jeté, nous émeuvent d'une vive compassion, et c'est de bien bon cœur que nous lui mettons dans la main, au lieu de centimes, un gros écu. A ce signe, le bonhomme comprend enfin de quelle sorte est l'aventure, et, reprenant sa route, il murmure des prières à notre intention.

Il y a trente ans que cet aveugle se rend ainsi tous les matins à Fariolo, où on le gratifie d'un grabat; à Baveno, où on lui donne son pain. Dans tout ce trajet la route côtoie le lac, et en quelques endroits elle est chargée sur les côtés des gros blocs de marbre qu'on extrait des carrières voisines. L'habitude et son bâton le guident; personne ne le remarque ni ne l'arrête jamais, et de là le trouble où nous l'avons jeté en lui inspirant un moment cette soudaine et effrayante pensée, que, sur son unique et indispensable chemin, il ne sait plus se conduire. Trente ans! quelle longue nuit, quel morne silence, et qu'il est digne d'intérêt autant que de pitié, ce vieillard qui, ainsi déshérité, ne murmure pas, mais plutôt attend, espère et prie! Un pareil spectacle fait songer. Pourquoi lui et non pas moi? Qu'ai-je donc fait pour avoir tout et lui rien? Doutes mystérieux qui ne trouvent d'issue que dans une humble et pieuse reconnaissance, de solution que dans la consolante pensée de l'immortalité, de la rétribution céleste, de la bonté divine toute juste et toute-puissante, qui garde sa bonne et légitime part à ce pauvre affligé.

Nous nous arrêtons quelques moments à considérer les carrières; puis, émus encore de la rencontre que nous venons de faire, un commun sentiment nous rapproche, l'entretien s'engage, et tout à l'heure nous voici arrivés à Vogogne, sans nous être presque aperçus que nous avons cheminé rapidement sur une route brûlée. Que c'est dommage qu'on ne puisse à volonté jaser et discourir! cette distraction supprime toute fatigue, abrège toute distance et fait des plus longues étapes de trop courts moments. Mais souvent l'objet manque; quelquefois c'est l'esprit qui est absent. Or, si pour boire il faut de l'eau. pour que l'eau désaltère, encore faut-il avoir soif. A Vogogne,

buvette dans le grand genre. Omelette, petit salé, gigot!...
C'est pour nous refaire des abstinences de Baveno. Chose
à noter, très souvent nous quittons les repas affamés, et
nous sortons rassasiés des buvettes. Cependante toute
buvette coûte moitié prix, quart de prix de tous repas en
règle.

Au sortir de Vogogne, on a sur la droite une villa.
Celle-ci, quelques autres encore que nous avons pu remarquer, sont décorées de statues grotesques, ou, pour mieux
dire, ignobles : des nains, des ventrus, des rachitiques,
des monstres comme l'on en trouve quelques-uns dans la
collection de Callot. Cela passe la permission : en vérité,
le rapport, le lien ne se comprend plus du tout entre ces
magots et la belle nature, et l'on se surprend à regretter
Faune, Bacchus et Jupiter. Ce n'est ni luxe, ni champêtre,
ni mythologie tout au moins, c'est un discordant spectacle qui excite chez le passant un ricanement vulgaire.
Au surplus, chacun son goût; mais celui-là est abominable.

En Savoie, en Piémont, c'est un grand malheur lorsqu'un pont vient à brûler : des années s'écoulent avant
qu'on le rétablisse. Est-ce à cause de l'idée, très logique
au fond, qu'il est inutile de relever ce qui peut brûler une
seconde fois tout aussi facilement qu'une première? Peut-
être. Mais alors un pont en pierre lèverait, ce semble, la
difficulté. Quoi qu'il en soit, voici je ne sais combien
d'années que nous retrouvons un bac là, où, dans nos
premiers voyages, nous trouvions un pont. Nous sommes
loin d'ailleurs de nous en plaindre. Un bac, c'est plus
pittoresque, plus primitif; un bac fait à merveille dans le
paysage; un bac, c'est une salle flottante qui rassemble
temporairement voyageurs, paysans et bestiaux; c'est
pour le marcheur fatigué une halte mouvante, sans compter le vieux nocher qui vous renseigne sur la route, sans
compter le mendiant obligé qui se tient prêt pour le

moment où, des centimes que vous maniez, quelqu'un prendra le chemin de son chapeau.

Au delà de ce pont, ce sont, jusqu'à Domo-d'Ossola, trois lieues en deux rubans; mais la vallée est ouverte, l'air circule, et, au bout du premier ruban, un frais ruisseau coule sous de beaux ombrages. Nous y faisons halte. Assis sur le bord du ruisseau, un vieillard, du tranchant de son vieux couteau, se coupe des bouchées dans un quartier de pain bis; il ajoute à chacune son petit assaisonnement de fromage, puis, sobre et ménager, il porte à sa bouche, mâche avec lenteur et boit à petits coups. Apparemment cet homme nous porte envie; mais se doute-t-il que nous le lui rendons bien?

Reste un dernier ruban. Quelques-uns l'enlèvent au pas de course; d'autres, plus réfléchis, n'avancent que faute d'un ombrage pour s'y arrêter; ils finissent pourtant par arriver à Domo avant le coucher du soleil. Les rues sont dans l'ombre, les bourgeois sur le seuil, et, en face de l'auberge où l'on s'apprête à nous bien régaler, il y a un tout petit premier café de l'endroit, très suffisant pour le quart d'heure. Pendant qu'assis sous la tente nous vidons quelques cruchons de bière, une sorte de crétin vêtu de lambeaux cousus, coiffé d'un feutre percé, et posé en l'air sur deux béquilles, stationne en face de nous. Ce mendiant, nous le reconnaissons bien. Résigné, presque souriant, absorbé dans ses pratiques pieuses, il exerce son art sans rien dire, sans tendre la main : c'est du regard qu'il demande, du regard qu'il remercie, du regard qu'il prie pour vous. Certes on payerait un mendiant si bien élevé rien, qu'à cause des importunités qu'il vous épargne.

C'est toujours foire à Domo. La rue, la place sont encombrées d'échoppes, et les gens des montagnes s'y fournissent, ceux-ci de peignes, ceux-là de bonnets de laine; plus loin, des villageois marchandent des mouchoirs ou s'essaient des bouquets. Nous trouvons, nous profanes, à ces bouquets artificiels de village, si frais, si vifs, si scintillants d'or et de cannetille, quelque chose de plus attrayant qu'aux pâles bouquets des modistes, et nous en sommes encore à nous imaginer qu'une belle princesse qui daignerait par aventure en poser un sur l'ébène de ses cheveux serait payée en piquant éclat et en grâce nouvelle de l'honneur qu'elle lui aurait fait. Mais la vanité, qui gâte toutes choses, gâte aussi les modes; c'est elle qui, même en fait d'atours, et là où le but est de plaire, conseille la recherche, le coûteux, avant le joli, avant ce qui plaît. Et le plus triste, c'est qu'elle a raison, puisque enfin les hommes en sont à aimer ce qui brille, ce qui prime, ce qui exhale un parfum de rang et de fortune, bien avant d'aimer ce qui n'est que vraiment aimable.

Quoi qu'il en soit, les couteaux ne coûtent pas cher à Domo. M. Topffer s'en achète douze pour quinze sous; c'est pour en gratifier les mendiants du pays, le tout sous forme d'essai; après quoi il fera son rapport sur le paupérisme et un mémoire pour les philanthropes. On donne beaucoup dans notre siècle, mais surtout on écrit sur la façon de donner. C'est un progrès : la philanthropie qui prend la place de la charité, la théorie qui éclaire la pratique tout en la contenant. Ce n'est plus, comme chez nos pères, la pauvreté si à plaindre qui exige sympathie, prompt secours, aumône généreuse et spontanée; c'est le paupérisme, une plaie sociale, qu'il s'agit d'étudier surtout, afin de la traiter administrativement et selon les saines règles d'une science qui n'est pas encore faite. Hélas! tout tourne à l'encre! tout finit par des livres! c'est le beau temps des imprimeurs, des plieurs, des brocheurs.

Ruban encore de Domo à Crevola, le seuil du Simplon. A Crevola il y a une boutique, de nous bien connue, où chaque fois nous nous sommes acheté une buvette portative. Nous sortons de cette boutique portant chacun un pain ou un saucisson en bandoulière, et adieu l'Italie! Nous entrons dans les gorges. Voici un mendiant, vite un couteau.

A Brigg, à Sion, on nous recommandera demain, après-demain, de nous taire sur les dommages qu'a éprouvés la route du Simplon; mais, après tout, nous n'avons pas promis le secret, et, si l'on doit des égards aux aubergistes, on doit aux voyageurs la vérité. Cette route, de Crevola à Iselle, est, non pas endommagée seulement, mais détruite, et nos plus mauvais chemins de traverse donnent une idée assez exacte de ce qu'elle est dans son état actuel. Construite trop bas dans cette partie du passage, le inondations l'ont presque partout emportée, et, au lieu de la refaire à mesure sur un plan mieux conçu, on s'est contenté de ménager entre les rocs éboulés, dans le lit du torrent ou sur le flanc des moraines, un chemin étroit, inégal, tortueux et misérablement crevassé. A présent, il faudrait des millions pour la remettre en état, et l'on dit que le gouvernement sarde, content de sa route du mont Cenis, se soucie peu de payer pour la route de Milan. En attendant, le Valais commence à souffrir beaucoup de cet état de choses, et les aubergistes de ce canton en sont à supplier le touriste qui revient d'Italie de vouloir bien, quant au Simplon, garder pour lui ses impressions et souvenirs.

Au delà d'Isella la gorge s'assombrit, se resserre; à peine y reste-t-il place entre la route et le rocher pour un riant petit bout de prairie où nous venons faire notre repas. Cet endroit nous est connu d'avance: des noyers l'ombragent, une source jaillit auprès, et par deux, par trois fois déjà, nous sommes venus y consommer nos provisions de Crevola. Quel siège que l'herbe, quel charmant plafond que le feuillage, quel aimable entretien que le murmure d'un ruisseau, quels cuisiniers que la fatigue et la faim! Vieilles choses qui êtes toujours nouvelles, plaisirs antiques et simples qui n'avez rien perdu de votre fleur, soyez les miens quelquefois encore, soyez ceux de mes enfants; qu'aïeul un jour, j'accompagne, assis dans la carriole qui porte les vivres, ces jeunes époux, ces frères, ces sœurs, mes petits-enfants, qui s'en vont à la fête; qu'avec eux j'entre sous la feuillée, que je préside au banquet, que j'assiste à ces allégresses si pures; que j'emporte dans la tombe, avec ces ressouvenirs d'amour et de concorde parmi les miens, l'assurance que, lents à s'en laisser détourner, ils demeurent fidèles aux traditions de la saine joie et du plaisir véritable!

Pendant que nous mangeons, passe un pauvre voyageur. Nous l'appelons pour qu'il vienne s'asseoir au festin; mais il prend pour des moqueries ces cordiales avances de notre bande joyeuse, et poursuit son chemin sans ouïr nos cris ni regarder nos signaux. Après quelque sieste dans ce lieu, nous nous acheminons sur Gondo, et de galeries en galeries, de spéculations en spéculations, après avoir éprouvé de brûlantes chaleurs, nous arrivons transis à notre gîte. Le soleil pourtant est encore sur l'horizon, il dore autour de nous de majestueuses cimes, et des nuées frangées d'or flottent au-dessus de nos têtes.

Notre gîte, ce soir, c'est l'hôtel de madame Grillet. Bon accueil, soins affectueux, souper splendide, lits excellents, tout nous y attend de ce qui rend un soir de voyage splendide aussi, sans compter que madame T... nous prépare la surprise d'un négus. Le négus réussit, mais pas la surprise, à cause de M. Topffer, qui a mis secrètement tout le monde dans le secret. C'est coupable; mais il lui a semblé qu'en fait de négus, et quand on est transi, l'attente réjouissante vaut presque mieux que la surprise du moment, et que, s'il faut laisser aux maux le privilège de vous saisir à l'improviste, il vaut presque mieux aussi ne pas dépouiller les biens de celui de vous sourire à l'avance.

Notre cocher a trois inconvénients... (page 233)

## TRENTE-TROISIÈME JOURNÉE

Le brouillard est épais ce matin : c'est le cas de s'imperméer; Vernon n'y manque pas. Après avoir pris congé de madame Grillet, nous partons bien réchauffés pour nous trouver tout à l'heure plus transis encore que mouillés. Même en été, même dans les plus beaux jours, le matin est sévère sur ces hauteurs. Voici une bergère, vite un couteau.

Mais insensiblement ces brumes s'éclaircissent par place, et, au travers de vapeurs plus transparentes, le soleil éclaire çà et là d'un pâle sourire les herbes mouillées, les mélèzes rabougris; ou bien le vent vient à percer quelque part ce brouillard uniforme, et, au delà des trouées, ce sont d'autres brumes encore qui se poursuivent, qui se recouvrent, qui se dissipent, et alors, comme sous d'autres cieux, comme dans un autre monde, plane au haut des airs une cime auguste et splendide. Ce spectacle toujours est imposant ; il est propice aussi : c'est l'annonce d'un beau jour. En effet, semblable à un pâtre des montagnes qui appelle, qui assemble ses brebis dispersées, le vent du matin ramasse en troupeaux de nuées ces vapeurs perdues, et, à mesure qu'il les chasse vers d'autres sommités, le ciel resplendit, l'horizon apparaît, les gorges se découvrent, les prairies éclatent, et la joie de la nature émeut, pénètre, réchauffe enfin l'âme engourdie du voyageur transi.

Telles sont les impressions qui nous attendent au sommet du passage. Un religieux nous y attend aussi : c'est le père Barras. De tout loin il nous a reconnus, et vite il a crié à ses gens de faire cuire un quartier de jambon. Oh ! la bonne idée, le solide et savoureux accueil ! Mais, il faut le dire, ces excellents pères, qui exercent envers les voyageurs de tous pays une hospitalité que leurs égards et leur dévouement personnel rendent si généreuse et si chrétienne, marquent à tout ce qui vient de Genève une affection particulière, et nous sommes convaincus, pour notre part, que nous n'avons pas hors du canton des amis plus fidèles, plus sincères que les religieux du grand Saint-Bernard et du Simplon. C'est bien pourquoi ces retentissantes brutalités, qu'a gratuitement prodiguées aux couvents d'Argovie le radicalisme genevois, nous ont semblé non pas seulement déplacées, stupides, nauséabondes, mais pénibles et parfaitement propres à détacher de nous de bons amis.

Le jambon est délicieux, gras, fumant, plein de suc ; le pain frais, le vin miraculeux. Après le repas nous visitons l'hospice, qui est aujourd'hui presque achevé. L'église, entre autres, vient d'être ornée de peintures par deux jeunes artistes de Paris, qui ont fait ce travail gratuitement ; deux radicaux peut-être, et pas très grands peintres, mais généreux ceux-là, hommes d'esprit et bien élevés.

Descendre le Simplon, pour nous autres, c'est un jeu. Halte pourtant à Berizal, où nous nous divertissons à endormifier des poulets. Comme on sait, il ne faut pour cela que leur tenir la tête sous l'aile tout en les berçant. Immédiatement le volatile le plus effaré tombe dans les langueurs d'un doux sommeil, et ce serait l'heure de le mettre à la broche sans qu'il s'en aperçût. Mais nous n'avons pas de broche et nous ne sommes pas *roustisseurs*.

Dans la montagne qui fait face à Berizal, du côté du col, on voit du haut en bas une longue traînée d'arbres abattus et gisants. C'est une seule avalanche qui, ce printemps, a fait ces ravages. Des pygmées épars dans cette clairière scient et mettent en tas. A la direction dans laquelle les arbres sont tombés, et à l'aspect très divers qu'ils présentent, on distingue parfaitement ceux d'entre eux qui ont été frappés par l'avalanche elle-même, et ceux qui ont été couchés bas par le simple déplacement de la colonne d'air. Parmi ces derniers, il y a des sapins hauts de cent pieds.

Au delà de Berizal on prend par l'ancienne route, qui serpente au-dessus d'affreux abîmes dont nous avons donné ailleurs le dessin. Un seul arbre s'y rencontre : c'est un pin, sous lequel les traînards se mettent à consommer une heure et demie en rêverie et menus propos. Pourquoi se hâteraient-ils? Brigg est en vue; David est en avant; chômer ici n'empêche pas que là-bas le souper ne s'apprête. Est-il donc si commun de deviser assis sous un pin, suspendus sur un gouffre? et les loisirs d'auberge valent-ils ces derniers moments donnés aux montagnes que l'on va quitter? La hâte gâte tout. Bien avant que le soleil soit couché, nous entrons dans Brigg, au moment où les carabiniers de la ville y rentrent eux-mêmes, curé en tête, au bruit des tambours et au son des fanfares.

L'auberge de Brigg, tenue aujourd'hui par des Vaudois, est excellente. On y soupe bien et l'on y boit d'excellent négus, quand M. André en régale la société. Par malheur, voici la diligence qui amène une cargaison de voyageurs à jeun. Ces messieurs repartent dans une heure; il leur faut notre table, et nous allons dormir.

La bourse au retour. (page 233)

## TRENTE-QUATRIÈME JOURNÉE

Nous voici en plein Valais : il faut hâter notre récit, comme nous allons hâter notre marche. Dès ici, en effet, plus rien qui ne nous soit familier, et de temps immémorial nous avons renoncé à faire aucun usage de nos jambes sur ce ruban de deux journées qui sépare Brigg de Villeneuve.

Aussi, entassés sur deux immenses chars-à-bancs, nous laissons les chevaux faire notre œuvre. C'est l'heure des paresses légitimement conquises ; c'est l'heure où le journalier, ayant fini sa journée, s'assied sous le porche, croise ses bras et repose ses membres. Il ne faut plus alors lui demander de travail, et nous trouvons presque importune la cascade de Tourtemagne, qui nous demande de bouger pour aller la voir.

Notre cocher a trois inconvénients : il fume, sous prétexte de tabac, une substance inconnue ; il se chante à lui-même des airs fabuleux, dans un idiome inachevé ; surtout il dort en tirant la rêne droite, ce qui nous mène droit dans le Rhône, en sorte qu'à chaque instant nous sommes obligés de lui sauver la vie : d'ailleurs, le meilleur Valaisan du monde.

A Sierre, la tortue boit. Les Sierrois ouvrent de grands yeux au spectacle de cet amphibie, et ils décident que c'est un serpent : d'ailleurs, les meilleurs Sierrois de la terre.

A Sion enfin, nous allons descendre chez madame Muston, qui nous accueille comme des amis et qui nous régale de Malvoisie. C'est un vin du Valais qui vaut, s'il ne les surpasse, les muscats de Lunel et de Frontignan.

Du reste, Sion, où nous arrivons de bonne heure, nous semble avoir été plutôt changé qu'embelli par la révolution. On y voit moins de vaches et de bouviers, moins aussi de ces magistrats de vieille roche qui, vêtus d'un habit noir, se rendent à l'église ; mais, en revanche, on y voit plus d'estaminets qu'autrefois, plus de courants, plus de cette *jeunesse ardente et développée* qui fume des brûlots sur le seuil des cafés.

La sagesse sous la figure de Mentor. (page 235)

## TRENTE-CINQUIÈME ET TRENTE-SIXIÈME JOURNÉE

Au jour, nous sommes sur nos chariots, où madame Muston nous approvisionne de poires et de noix. Le temps est radieux, la fraîcheur délicieuse, mais notre cocher tire toujours sur la droite. C'est moins dangereux, à présent que le Rhône coule sur la gauche.

A Martigny, la jeunesse a toujours été ardente et développée. Cela paraît étrange au touriste, qui n'y aperçoit que des visages profondément pacifiques, et beaucoup de crétins dont ce n'est pas l'ardeur qui est développée. Ici Vernon se ruine en emplettes de minéraux, et d'Arbely s'achète une pipe, probablement pour monter en char.

A la poste, où nous allons descendre, toute une société *no-no* déjeune avec dédain de thé très fort et de tartines à l'anglaise. Cette société veut louer un char, et le cocher est là qui, chapeau bas, ne demande pas mieux que d'en finir. Mais un moment. L'orateur de la société, « qui se défiè beaucoup de tute la cochè de la continente, » mange tranquillement une tartine entre chacune de ses questions, soit pour avoir le loisir de les bien « calquiouler », soit parce que chaque réponse du bonhomme lui semble « une grande estratadgem » qui mérite réflexion. De tartine en tartine, pourtant, le marché finit par se conclure.

Nous passons devant Pissevache. Lavey, Saint-Maurice sont bientôt derrière nous. Voici Aigle, d'où nous partîmes il y a trente-cinq jours pour les Ormonds-dessous. Voici enfin Villeneuve, la Croix-Blanche et cette hôtesse qui a un *cathaire*. Les Simond trouvent ici leurs parents, qui sont venus à leur rencontre et qui s'embarqueront avec nous demain. Grand plaisir, dont tous nous prenons notre part.

Ici le voyage est terminé. Dans quelques heures, arrivés là où nos cœurs sont déjà, il ne nous restera plus qu'à bénir la Providence, qui a permis que nous pussions accomplir sans accident, sans trouble et sans sujet d'inquiétude, une excursion si lointaine et si aventureuse, mais si belle aussi, et qui comptera pour chacun de nous parmi les plus charmants souvenirs de sa vie. Lecteur, je vous serre la main.

FIN

# TABLE

Notice sur Topffer. 7

Première journée. — Départ sur l'*Aigle*. — Le personnel de la caravane. 13

Deuxième journée. — De la vallée du Rhône à la vallée de Simmenthal. — Le passage des Ormonds. 29

Troisième journée. — L'auberge à *l'Ours*. — Le Kirschmüs de Zweisimmen. — Erlenbach. 37

Quatrième journée. — Spietz. — *M. d'Erlach a trop parlé!* — Fulsée. — *Le roi et la reine de Hongrie*. — Brientz. 45

Cinquième journée. — Meyringen. — Les diverses sortes de touristes. — Le joueur de flageolet. — La cascade de la Handeck. — L'hospice du Grimsel. 51

Sixième journée. — Rencontre des géologues Forbes et Agassiz. — Le glacier de l'Aar. — La neige rouge. 61

Septième journée. — Le Meyenwend. — Le glacier du Rhône. — La Furca. — Le Saint-Gothard. — L'ogre et l'ogresse d'Andermatt. 67

Huitième journée. — L'Olbérup. — La vallée d'Urseren. — *Voit-on Venise?* — La langue remonsch. — Au presbytère de Cédruns. — Les landammans de Truns. 73

Neuvième journée. — Les petits cochons de la vallée d'Hanz. — Reicheneau. — Le collège où Louis-Philippe a été maître d'école. 81

Dixième journée. — Coire. — Lenz. — Le pays des Grisons. 87

ONZIÈME JOURNÉE. — Mullinen. — L'homme et la vache. — Le mont Julier. — Les colonnes de Jules Gésar. — L'Engadine.  93

DOUZIÈME JOURNÉE. — Saint-Moritz. — Le Bernina. — Paschiavo. — Une attaque. — Le père Trippo.  101

TREIZIÈME JOURNÉE. — La Valteline. — Bormio.  109

QUATORZIÈME JOURNÉE. — Le Tyrol. — L'Ortler. — Spitz. — Passage du Stelvio.  113

QUINZIÈME JOURNÉE. — La Vallée de l'Adige.  121

SEIZIÈME JOURNÉE. — Naturns. — Les sorcières de Macbeth. — Méran. — Les carabiniers tyroliens.  125

DIX-SEPTIÈME JOURNÉE. — Bolzen. — Un convoi de malfaiteurs. — Trente.  131

DIX-HUITIÈME JOURNÉE. — Les gorges de la Brenta. — Le lac de Lévigo. — Bargo.  137

DIX-NEUVIÈME JOURNÉE. — Grigno. — Le jeu de la mora. — Bassano. — Une sérénade en guise de souper.  143

VINGTIÈME JOURNÉE. — La banlieue de Venise. — Castelfranco. — Mestre. — Un orchestre original.  149

VINGT-UNIÈME JOURNÉE. — Une première excursion à travers la ville. — Le Grand Canal. — La Piazetta. — Le palais des Doges. — Saint-Marc. — Le café Florian.  157

VINGT-DEUXIÈME JOURNÉE. — Un cicerone misanthrope. — San Georgio. — Le Rédempteur. — Murano.  169

VINGT-TROISIÈME JOURNÉE. — Visite à l'arsenal. — Un amiral courtois. — Adieu à Venise!  177

VINGT-QUATRIÈME JOURNÉE. — Fucine. — Padoue. — Vicence. — A l'hôtel de la *Lune*.  183

VINGT-CINQUIÈME JOURNÉE. — Villanova. — Vérone et son amphithéâtre. — Au *Grand-Paris*.  189

VINGT-SIXIÈME JOURNÉE. — Sur les bords du lac de Garde.  195

VINGT-SEPTIÈME JOURNÉE. — Desonzano. — Brescia. — Bergame.  199

VINGT-HUITIÈME JOURNÉE. — A l'hôtel de la *Ganache*. — Une foire bergamesque. — Lecco et son lac. — Caprino.  205

VINGT-NEUVIÈME JOURNÉE. — Le carillon de Pusiano. — Côme.  211

TRENTIÈME JOURNÉE. — Le lac Majeur. — Les îles. — Le palais des Borrommée.  215

Trente-unième et Trente-deuxième journées. — L'aveugle de Baveno. — Domo-d'Ossola. — Crevola. — La route du Simplon. . . . . . . . . . . . . . . . . . . . . . 221

Trente-troisième journée. — Au sommet du Simplon. — L'hospitalité du père Barras. — Brigg. . . . . . . . . . . 229

Trente-quatrième journée. — Dans la Valais. — Sion. 233

Trente-cinquième et Trente-sixième journées. — Fin du Voyage. — Retour à Genève. . . . . . . . . . . . . . 235

FIN DE LA TABLE.

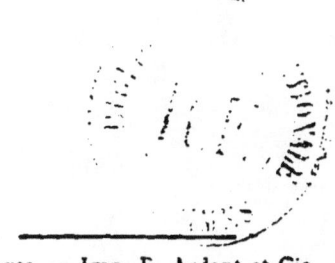

Limoges. — Imp. E. Ardant et Cie.

www.ingramcontent.com/pod-product-compliance
Lightning Source LLC
Chambersburg PA
CBHW071939160426
43198CB00011B/1460